KB141735

인생의 지혜가 담긴

아침 한자

인생의 지혜가 담긴
아침 한자

안재윤 · 김고은 지음

하늘
아래

松下問童子
송하문동자

소나무 아래에서 동자에게 물으니

言師採藥去
언사채약거

선생님은 약 캐러 가셨다 하네.

只在此山中
지재차산중

이 산속에 계시긴 하나

雲深不知處
운심부지처

구름이 깊어 계신 곳을 알 수 없다네

–『尋隱者不遇심은자불우』_賈島가도

화자는 산속에 사는 은자를 찾아갔으나 만나지 못하고
동자와 몇 마디 대화를 나눈다.

"선생님 계신가?"
"약 캐러 가셨어요."
"어디로 가셨는가?"

"이 산속에 계실 거예요."

"어느 골짝으로 가면 뵐 수 있을까?"

"구름이 깊어서 어디 계신지는 모르겠어요."

화자는 은자를 찾아갔으나 만나지 못했다. 만나지 못한 것일 수도 있고 만나주지 않은 것일 수도 있다. 은 자는 만나기 힘들다. 만나기 힘드니까 은자고 그런 은 자니까 찾아간다.

동자는 은자가 자기 대신 내놓은 작은 은자다. 공손히 대답하고 있는 듯 하지만 그리 친절해 보이지는 않는다. 멀리서 찾아왔지만 뜻을 이루지 못하고 돌아가게 될 손님에 대한 안타까움 따위는 없다. 무심히 자기 할 말만 하고 돌아서 제 할 일을 한다.

화자는 은자를 만날 수 있을 거라는 기대를 애초에 하지 않았을 수도 있다. 만나기 힘든 걸 알고 찾아갔다. 아직 한 번도 만나지 못했을 수도 있다. 은자를 찾아가는 화자는 가며오며 스스로 해답을 얻었을 수 있다. 그

5

게 은자의 역할이다.

옛 글을 탐함은 은자를 찾아가는 것과 같다.

내가 직면한 현재 상황에 꼭 맞는 해답을 옛 글은 알려주지 않는다. 내가 누구인지 궁금해 하지도 않고, 그저 자기 할 말만 한다. 증상을 묻고 거기에 꼭 맞는 약을 처방해주지 않고, 여기저기에 좋은 보약 같은 이야기를 들려준다.

옛 글을 탐함은 구름 깊은 산 속에서 약을 캐는 것과 같다.

무엇이 약이고 무엇이 독인지 알지 못하고 함부로 캐 먹으면 예상치 않은 불행을 겪을 수도 있다. 무엇이 약인지 알았더라도 어디에 가야 있는지 알지 못한다면 이리저리 찾아다니는 노력이 제 값을 하지 못할 수도 있다. 어디에 있는지 알았더라도 때를 살펴 가지 않으면 좋은 상태를 만나지 못할 수도 있고 아예 찾지 못할 수도 있다.

우리 옛 글은 한자와 한문으로 되어있다. 우리 옛 글

을 탐하는 이들에게 한자와 한문은 적잖은 걸림돌이다. 전문 역자들이 작업한 잘 번역된 글이 있지만, 그 온 모습을 살피려면 역시 기본적인 한자와 한문을 익히는 게 좋다.

이 책 『인생의 지혜가 담긴 아침 한자』(이하 『아침한자』)는 이런 이유로 세상에 나왔다. 우리말 번역만으로는 좀 심심하다 싶었던 여백을 한자와 한문을 풀어 익히면서 채워가도록 했다.

한자를 풀어 이해하는 것은 약을 알아가는 것과 같다. 무엇이 약이 되는지, 어디에 가면, 언제 가면 좋은 놈을 만날 수 있는지 한자가 안내해 줄 것이다.

한문을 풀어 이해하는 것은 은자를 찾아가는 것과 같다. 한자 몇 자 알았다고 대번에 깨달음이 오는 게 아니다. 한문 표현 몇 개 알았다고 문리가 트는 것도 아니다. 그저 아침마다 한 두 문장씩 옛 글을 한문으로 풀어 익히다 보면, 책 끝머리에서 한자에 담긴 삶의 이치를 어렴풋이 깨닫게 된다.

은자는 모습을 드러내지 않는다. 동자는 무심하게

대답하고는 제 할 일만 한다. 은자를 찾아온 화자는 스스로 해답을 얻어야 하는 것이다.

이 책은 두 사람이 함께 썼다. 안재윤은 대학에서 한문학을, 대학원에서 국문학을 공부한 평범한 기획, 편집자다. 김고은은 20여 년간 동양 고전의 깊은 곳을 자세히 탐구해온 수 높은 글쟁이다.

안재윤은 기획을 맡았고 첫 원고를 마련했다. 김고은은 이 원고를 표본삼아 동양 고전의 바다를 종횡으로 달리며 자료와 생각을 풀어 초고를 작성했다. 이 초고를 안재윤이 다시 찬찬히 뜯어보면서 본래 기획에 맞도록 고치고 다듬고 풀어 원고를 완성하여 이렇게 예쁜 모습을 하고 세상에 나왔다.

차례

탐욕을 이기는 법이 담긴 아침 한자

잘못을 부끄러워하고 반성하게 하는 아침 한자

끝없이 배우고 노력하는 마음을 곧추세우는 아침 한자

"바다는 메워도 사람의 욕심慾心은

못 채운다"는 말이 있다.

지나친 慾心욕심은 侮辱모욕과

恥辱치욕을 자초하고 화를 부른다.

게걸스레 慾心욕심을 채우는 욕심쟁이는

남들에게 辱욕 먹기 딱 십상이다.

그 때문에 옛사람은 欲바랄 욕과

辱욕되게 할 욕을 같은 소리로 불렀나 보다.

慾心욕심을 절제하면 辱욕을 당하지 않고

업신여김을 받지 않는다.

탐욕을
이기는 법이 담긴
아침 한자

바다는 메워도 사람의
욕심은 못 채운다

欲, 辱

바랄 욕　　　욕되게 할 욕

"바다는 메워도 사람의 욕심慾心은 못 채운다", "깊은 골
짜기는 메워도 사람의 욕심慾心은 못 채운다"는 말이 있
다. 지나친 慾心욕심은 侮辱모욕과 恥辱치욕을 자초하고
화를 부른다.

　　게걸스레 慾心욕심을 채우는 욕심쟁이는 남들에게 辱
욕먹기 딱 십상이다. 그 때문에 옛사람은 欲욕과 辱욕을
같은 소리로 불렀나 보다. 慾心욕심을 절제하면 辱욕을
당하지 않고 업신여김을 받지 않는다.

옛 사람은 말하였다.

"한 달 한 달 재물, 욕심, 명예, 근심, 한 해 한 해 죽음 길만 재촉하니, 시시각각 지옥길이 문전이라."

【   한자를 읽어보자   】

欲욕 ———————— 谷곡 + 欠흠

欠흠은 사람이 입을 한껏 벌린 모습이다. 입을 벌리고 뭘 하는데? 여기서는 뭔가 바라는 게 있어서 헤벌쭉 입을 벌리고 있는 것이다. 참고로, 欣기뻐할 흔에서는 기쁨이나 슬픔 등의 감정을 발산하려고, 飮마실 음에서는 음료를 마시려고, 歌노래 가에서는 노래를 하려고 입을 벌린다. 谷은 '곡'이고 欲은 '욕'이니 谷은 일단 발음 기호다. '일단─ㅂ'이라고 했으니 그럼 '이단ㅡㅂ'도 있단 말인가? 谷곡은 깊디깊은 산골짜기다. 중국 청나라 때 학자 단옥재段玉裁는 이를 두고 한없이 받아들이는 인간 욕망의 속성을 보인 것이라고 했다. 일리 있는 주장이다.

15

欲욕은 입을 헤 벌리고 뭔가를 바라는 인간의 욕망을 표현한 것이다. 욕망은 마음의 작용이므로 心심을 붙여 慾욕을 만들어 '욕심, 욕망'의 뜻을 강조하기도 했다.

辱욕 ——————— 辰진 + 寸촌

辰진은 조개로 만든 칼이다. 기장이나 조를 수확하는 도구로 사용했다. 나중에 다섯째 지지地支 이름으로 사용되었다. 농사일과 관계있는 한자에 辰진이 보인다. 農농사 농, 晨새벽 신, 耨김맬 누가 그렇다. 寸촌은 오른손 모양을 그린 又우에 점을 찍어 손가락 한 마디를 표시한 것이다. 다른 한자와 결합할 때는 '손'과 관련한 의미를 보탠다.

辱욕은 손에 조개칼을 가지고 농사일을 하는 모습이다. 본래는 '김매다'란 뜻이었는데 힘들고 고된 농사일에서 '욕보다'란 뜻이 생겨났다. 그런데 '모욕, 치욕, 수치' 등으로 뜻이 확대되었다. 辱욕이 '욕보다'와 관련하여 더 많이 사용되자 본래 뜻을 위해서 耒쟁기 뢰를 붙여 耨김맬 누를 만들어 썼다.

養心莫善於寡慾.　　　　　—『孟子』
양심　막선어　과욕

마음을 기르는 데는 욕심을 줄이는 것보다 좋은 게 없다.

—『맹자』

養양은 '기르다', 心심은 '마음'이다. 養心양심은 '마음을 기름'이다. 莫막은 '~없다', 善선은 '좋다, 훌륭하다'다. 於어는 여기에서 '~보다'로 풀이한다. 따라서 莫善於막선어는 '~보다 좋은 게 없다'다. 寡과는 '줄이다', 欲욕은 '욕심', 寡慾과욕은 '욕심을 줄임'이다.

知足不辱, 知止不殆.　　　　　—『老子』
지족불욕　　　　지지불태

만족할 줄 알면 욕되지 않고, 그칠 줄 알면 위태롭지 않다.

—『노자』

17

知지는 '알다', 足족은 '만족하다', 知足지족은 '만족할 줄 알다'다. 不불은 '아니다', 辱욕은 '욕되다', 不辱불욕은 '욕되지 않다'다. 止지는 '그치다', 知止지지는 '그칠 줄 알다'다. 殆태는 '위태롭다', 不殆불태는 '위태롭지 않다'다.

비우면
밝아진다

虛室生白

빌 허 집 실 날 생 흰 백

요즘 세상은 여백이나 공백에 무척 인색하다. 빈 부분이 있으면 그냥 넘어가지 못 하고 기어이 뭔가를 해놓는다. 뭔가를 심고 뭔가를 꾸미고 뭔가를 짓고 뭔가를 세운다. 빈칸이나 빈자리가 있으면 그냥 두지 못하고 뭔가를 채우거나 뭔가를 들여다 놓아야 직성이 풀린다. 그래서 답답하고 숨이 막힐 지경이다. 이처럼 여백이 주는 맛을 즐길 줄도 모르고 누릴 줄도 모른다.

빛은 빈 곳을 찾아 비춘다. 뭔가로 꽉 들어찬 곳에는

빛이 들 리 만무하다. 지혜는 허심虛心에서 샘솟는다. 뭔가로 가득 찬 마음에서는 맑은 지혜가 솟아날 리 결코 없다.

오늘날 우리네는 저마다의 머릿속을 온갖 정보와 지식으로 가득 채우고, 가슴속에는 온갖 생각과 마음을 가득 담고 있다. 머릿속과 가슴속에 온갖 것들을 담뿍 담뿍 담고 사니 제 잘난 맛에 우쭐대며 남 말은 우습게 여긴다. 그러니 남이 해주는 진정 어린 충고가 들어설 리 만무하다. 이미 다 알고 있으니 남 말이 귀에 들어올 턱이 있겠는가! 이미 다 가지고 있는데 남이 주는 걸 받아들일 여유가 있겠는가!

비워야 새로운 것을 받아들여 채울 수 있다. 먹었으면 내보내야 한다. 먹었으면 제대로 소화하여 제 몸에 이롭도록 해야 한다. 그러자면 먹기도 잘해야 하지만 내보내는 일도 먹는 것 못잖게 잘해야 한다. 비워야 채운다. 빈 곳이 있기에 쓸모가 있는 것이다

虛허 ——— 虍(虎)호 + 业(丘)구

虍호는 '호피 무늬 호'다. 여기서는 발음 기호 역할을 한
다. 业(丘)구는 '언덕'이다. 虛허는 虗로도 쓰고 虚로도
쓴다. 虛허는 본래 '언덕'을 표현한 것이었는데 나중에
'비다, 헛되다'라는 뜻을 가지게 되었다.

室실 ——— 宀면 + 至지

宀면은 '집'이다. 宀면이 있는 한자는 주로 집과 관련한
뜻을 가진다. 家집 가, 宮집 궁, 穴구멍 혈, 宅집 택 등이 그
렇다. 至지는 '이르다, 도착하다'다. 발음 기호 역할도
한다.

瞻彼関者, 虛室生白, 吉祥止止
첨피결자　　　허실생백　　　길상지지

—『莊子·人間世』

저 빈 곳을 보라. 텅 빈 방에서 흰빛이 생겨나나니, 좋
은 일이 그곳에 머물 것이다.　　　—『장자·인간세』

瞻첨은 '보다', 彼피는 '저'다. 関결은 여기에서 '비다'고,
者자는 '~한 것'이다. 関者결자는 '빈 곳'이다. 虛허는 '비
다', 室실은 '방'이다. '마음'을 비유한 것이다. 生생은 '생
겨나다', 白백은 '흰 빛'이다. 吉길은 '길하다', 祥상은 '상
서롭다'다. 吉祥길상은 '좋은 조짐'이다. 止지는 '그치다,
머물다'다. 止止지지는 '止之지지' 또는 '止也지야'로 푼다.

중심이 둘이면
근심과 재난을 부른다

忠患

충성 충   근심 환

중심이 둘이면 갈팡질팡 혼란하다. 혼란은 불안과 우환을 불러온다. 집안에 중심이 둘이면 시끌벅적 조용할 날이 없다. 아내가 중심에 서겠다고 하면 남편은 한발 물러서야 한다.

반대로 남편이 집안의 중심이 되겠다고 한다면 아내가 물러앉아야 한다. 서로 왕 노릇 하겠다고 덤벼든다면 각각 살림 낼 것은 불을 보듯 뻔하다.

조직 구성원이 딴마음을 품고 있다면 그 조직과 단

체는 흔들리고 혼란에 빠진다. 중심이 하나일 때 잘 나가던 조직과 단체도 중심이 둘이 되면 삐꺽거리다가 무너지고 만다. 이처럼 한 골에 범 두 마리가 살 수는 없다. 한 집안에 줏대잡이가 두 사람일 수는 없다. 한 조직이나 단체에 우두머리가 둘일 수는 없다. 중심이 둘인 순간부터 憂患우환이 시작된다.

【　한자를 읽어보자　】

忠충 ——————— 中중 + 心심

中중은 땅 한가운데에 깃발을 꽂은 모양이다. 같은 종족이나 부족에 속한 사람들은 이 깃발을 중심으로 모여들게 된다.

忠충은 中心중심이다. 中心중심은 참마음이고 진심이고 속마음이고 줏대다. 그러므로 忠충은 마음과 힘을 다하는 것이고 두 마음을 품지 않는 것이다. 중심이 바로 서 있는 사람이 忠人충인이고, 두 마음을 품지 않는 선비

24

가 忠士_{충사}고, 줏대를 가지고 있는 벗이 忠友_{충우}고, 딴 마음을 먹지 않는 신하가 忠臣_{충신}이다.

患_환 ——————— 串_천 + 心_심

串_천은 물건을 꼬챙이로 꿴 모양이다. 꼬치를 생각하면 좋다. '꿰다'라는 뜻이 여기에서 나왔다.

患_환은 '근심'이다. 心_심에 串_천을 얹어 꼬챙이 같은 것이 마음 한 구석을 파고들어 아프게 하는 것을 '근심'이라고 표현한 것이다. 患_환은 中心_{중심}이 둘인 것으로 볼 수도 있다. 중심이 둘이면 근심이 따르기 마련이다. 中心_{중심}이 하나인 것이 忠_충이고, 中心이 둘인 것이 患_환이다.

天無二日, 土無二王.
천무이일　　토무이왕

家無二主, 尊無二上. —『禮記·坊記』
가무이주　　존무이상

하늘에는 두 해가 없고, 땅에는 두 왕이 없다. 집안
에는 두 주인이 없고, 높은 것에는 두 윗사람이 없
다.　　　　　　　　　　　　　　　　—『예기·방기』

天천은 '하늘', 無무는 '없다', 二日이일은 '두 해'다. 天無
二日천무이일은 '하늘에는 두 해가 없다'다. 土토는 '땅',
二王이왕은 '두 왕'이다. 土無二王토무이왕은 '땅에는 두
왕이 없다'다.

　家가는 '집안', 二主이주는 '두 주인'이다. 家無二主가무
이주는 '집안에는 두 주인이 없다'다. 尊존은 '높은 것', 二
上이상은 '두 윗사람'이다. 尊無二上존무이상은 '높은 것에
는 두 윗사람이 없다'다.

집착하면
도리어 잃는다

執著

잡을 집   붙을 착

무엇에 죽을 둥 살 둥 매달리는 걸 집착이라고 한다. 이를테면 끈덕지게 들러붙는다는 뜻이다. 집착은 본래 불교에서 온 말이다. 어떤 사물에 죽자 사자 목매달며 그것에서 벗어나지 못하는 것을 가리킨다.

돈과 명예에 집착하다 패가망신한 사람이 한둘이 아니다. 집착은 채울 수 없는 욕심을 불러일으킨다. 끝내는 욕망의 불길에 소중한 생명까지 잃고 만다. 술에 집착하면 술에 빠져 죽고, 일에 집착하면 일에 파묻혀 죽는다. 집착하면 결국 소중한 것을 잃고 만다. 흔히 집착과 열정熱情을 혼동하지만 둘은 엄연히 다르다.

【　한자를 읽어보자　】

執(執)집 ── 幸(㚔)녑 + 丮(丮)극

執집의 본디 글자꼴은 執이다. 㚔녑은 수갑(쇠고랑)이다. 위에 있는 大대는 종종 土 모양으로 바뀌는 경우가 있다. 去거가 그렇다. 위에 있는 土는 大대가 변한 것이고 아래 있는 厶는 口구가 변한 것이다. 大대는 사람이고 口구는 집의 입구다. 즉, 집에서 나와 어디론가 가는 모습을 나타낸 것이다. 丮극은 꿇어앉아서 두 손을 뻗어 뭔가를 하고 있는 사람 모습이다. 丸환과 모양이 비슷해 잘못 바뀐 것이다.

　執집은 양쪽 손목에 수갑을 찬 채 꿇어앉아 있는 죄인의 모습이다. 執집은 집착이 가져오는 불행한 결과를 잘 보여주는 한자다.

著 (着)착 ——— 艹초 + 者자

著착은 풀이 땅속에 뿌리를 내리고 지표면으로 싹을 살며시 드러낸 모양을 나타낸 한자다. 본래 음은 '저'고 뜻은 '나타나다'다. 풀은 땅에 붙어 있으므로 나중에 '붙다, 입다'라는 뜻을 가지게 되었는데 이때는 '착'이라고 읽고 모양도 着착으로 대신 쓰게 되었다.

【 옛 글을 읽어보자 】

爲者敗之, 執者失之. —『老子』
위자 패지   집자 실지

하려는 자는 패하고, 붙잡으려는 자는 잃는다.

—『노자』

爲위는 '하다'다. 者자는 '사람'이다. 敗패는 '지다'다. 之지는 '그것'이다. 爲者敗之위자패지는 '순리에 거슬러 인위

29

적으로 뭔가를 하려는 사람은 패하게 된다'는 뜻이다.
執집은 '붙다, 잡다'다. 失실은 '잃다'다. 執者失之집자실지
는 '놓치지 않으려고 집착하여 붙잡는 사람은 잃게 된
다'는 뜻이다.

달도 차면 기운다

月盈則缺

달 월 　 찰 영 　 곧 즉 　 이지러질 결

엊그제가 보름이었나 보다. 문득 고개를 들어 밤하늘을 쳐다보니 온달이다. 아주 둥근 달이 휘영청 떠 있다. 하도 밝아서 야맹증 가진 참새 녀석들도 낮인 양 돌아다닐 지경이다.

달은 자연법칙에 순순히 따르며 우리에게 때맞춰 다른 모습을 보인다. 온달을 보이다가 어느 순간 반달을 보이고, 반달이다 싶으면 문득 빛조차 모조리 감춘 그믐달로 보인다. 달을 우러러보며 오늘도 한 가지를 배운다. 달도 차면 기운다. (월영즉결月盈則缺).

달은 한 달 내내 둥글 수 없고, 꽃은 열흘날을 활짝 필 수 없다. 오르막이 있으면 내리막이 있고, 고비가 있으면 수치레도 있다. 돌고 도는 게 사람살이다. 그런고로 된 사람은 순간순간의 성패와 득실에 일희일비하지 않는다. 마음공부를 통해 바윗돌 같은 평상심을 길러 몸 안에 지니고 있는 사람은 온달이라 흥겨워하고 반달이라 시무룩해하지 않는다. 모든 현상과 사물을 있는 그대로 보고 한결같이 대한다. 가졌다고 유세 떨지 않으며 가진 게 없다고 주눅 들지 않으며 가진 사람이라고 알랑대지 않으며 빈손이라고 나지리 여기지 않는다.

덜된 사람은 꼴같잖게 갖은 유세를 떤다. 벼락부자들 대개가 돈벼락 맞고 정신 못 차린 채 흥청망청 한다. 천년만년 제 손에만 있으란 법 없는데 말이다.

盈영 ——————— 夃고 + 皿명

夃고는 '물건을 많이 사서 많이 팔아 이문을 많이 얻다'라는 긴 뜻을 가진다. 장사치는 이문을 많이 얻는 것이 최고의 미덕이다. 이 글자는 단독으로 쓰이는 일이 거의 없다. 皿명은 그릇이다. 器기도 그릇이지만 쓰임새가 다르다. 器기는 먹는 데 사용하는 보통 그릇이고 皿명은 제사에 사용하는 고급 그릇이다.

　盈영은 '그릇에 가득 참'이다.

則즉 ——————— 貝(鼎)정 + 刂도

貝는 鼎정이 바뀐 것이다. 鼎정은 '세 발 달린 솥'으로 중국 청동기의 대표적인 기물이며 권력의 상징이다. 刂도는 칼이다. 자르거나 새기는 데 쓰기도 하지만 이것도 청동기의 대표적인 기물이다.

　則즉은 청동기인 솥(鼎정)과 칼(刂도)을 만들 때 합금의 비율을 엄격히 지켜야 함을 나타냈다. '규칙, 법칙'으로 새길 때는 '칙'으로 읽고, '곧, ~하면'으로 새길 때는 '즉'으로 읽는다.

缺 결 ——————— 缶 부 + 夬 결

缶부는 절굿공이(午오)로 그릇(凵감)에 담은 흙을 찧는 모습이다. 이 흙은 질그릇을 만드는 배토坏土다. 缶부가 쓰인 한자는 질그릇과 관련이 있다. 匋질그릇 도, 缸항아리 항, 甕독 옹이 그렇다. 夬결은 활을 쏠 때 손가락에 끼우는 깍지다. 이걸로 잡고 있던 화살을 놓으면 화살이 활을 떠나 날아간다. 夬결이 쓰인 한자는 '분리'와 관련이 있다. 決터질 결, 訣이별할 결, 抉도려낼 결등이 그렇다.

缺결은 질그릇이 깨져 떨어져 나간 것이므로 '이지러지다, 모자라다'가 된다.

月盈則缺, 器滿則覆.
　　월영즉결　　　기만즉복

亢龍有悔, 知足不辱.
　　항룡유회　　　지족불욕

—『仙源遺稿·座右銘』

달은 차면 기울고, 그릇은 차면 엎어지고, 하늘로 올
라간 용은 후회가 있다고 했으니 족함을 알면 욕되
지 않는다.　　　　　　　　—『선원유고·좌우명』

月월은 '달', 盈영은 '차다'다. 則즉은 '~면, 곧'으로 새긴
다. 缺결은 '이지러지다, 기울다'다. 器기는 '그릇', 滿만은
'차다'다. 覆복은 '엎어지다'다. 亢항은 '높다, 높이 올라
가다', 龍용은 말 그대로 '용'이다. 有유는 '있다', 悔회는
'후회하다'다.

　亢龍有悔항룡유회는 『주역』 괘사 중 하나로 知지는 '알
다', 足족은 '족함', 不불은 '아니다', 辱욕은 '욕되다'다.

차면 넘치는 법이다. 아무개는 넘치는 걸 좋아할지 모르겠지만 그리 바람직하지는 않다. 술잔에 술을 넘치게 따라야 미덕이라지만 넘쳐서 잔 밖으로 넘어간 술은 내 것도 네 것도 아닌, 그냥 버려지는 술이다. 분수에 넘치는 생활은 외려 화를 부르고, 기쁨이 넘치는 즐거움은 막판에 주체 못할 크나큰 슬픔을 불러온다.

오늘도 밤하늘을 우러러보며 달을 닮아가고자 공을 들인다. 계절에 순응하며 미련 없이 뚝뚝 져 버리는 낙엽을 바라다보며 집착하지 않음을 새삼 배운다.

빠지기 쉬운 세 가지 과욕을
특히 두렵게 여긴다

석 삼   위태로울 위

三危삼위는 세 가지 두려워할 만한 것이다. 뭔가를 두렵게 여기고 무서워하면 조심하게 된다. 조심한다는 것은 잘못이나 실수가 없도록 말이나 행동을 삼가는 것이다. 공자孔子는 『주역』에서 이렇듯 두려워해야 할 것을 세 가지로 제시했고, 옛 사람들은 이를 좌우에 걸어놓고 늘 조심했다.

첫째, 남들한테 베푼 덕에 비해 지나치게 많은 사랑을 받는 것을 된 사람들은 기뻐하지 않고 외려 두려워하며 더욱 몸가짐을 삼갔다.

둘째, 자기가 갖고 있는 재주에 비해 너무 높은 자리에 있는 것을 된 사람들은 좋아하지 않고 도리어 간을 졸이며 불안하게 여겼다.

셋째, 이룬 성과는 쥐꼬리만 한데 큰돈을 받는 것을 된 사람들은 자랑으로 여기지 않고 뜻하지 않은 화를 부르지나 않을까 무서워했다.

온갖 거짓과 가식적인 행동과 눈속임과 아양으로 남들보다 더 많이 손에 넣고, 남들보다 더 높은 자리에 오르려고 기를 쓰는 것이 요즘 세상이라지만, 이 글을 읽는 분은 옛사람의 이 가르침을 곱씹어 볼 여유를 가진 행운아가 아닐까?

【　한자를 읽어보자　】

危위 ── 𠂉사람 + 厂엄 + 㔾절

𠂉은 '무서워서 몸을 숙인 사람'이다. 厂엄은 '절벽, 벼

랑'이다. 卩절은 '무서워서 풀썩 주저앉은 사람'이다.

危위는 '깎아지른 낭떠러지에서 두려움에 떨고 있는 사람'이다. '위험하다, 무섭다'다.

【　옛 글을 읽어보자　】

德薄而位尊, 知小而謀大,
덕박이위존　　　　지소이모대

力小而任重, 鮮不及矣. —『易·繫辭』
역소이임중　　　　선불급의

덕은 박하면서 지위는 높고, 지혜는 작으면서 도모하는 것은 크고, 역량은 작으면서 임무는 중하면, (禍화가) 미치지 않는 경우가 드물다. —『역·계사』

德덕은 '덕'이다. 짧게 풀 수 없는 단어인 것은 '道도'와 마찬가지다. 薄박은 '엷다, 적다, 가볍다'다. 位위는 '자리, 지위', 尊존은 '높다'다. 知지는 '아는 것, 지혜', 小소는

'작다'다. 謀모는 '꾀하다, 도모하다', 大대는 '크다'다. 力력은 '힘, 역량'이다. 任임은 '맡기다, 임무', 重중은 '무겁다, 중요하다'다. 鮮선은 '드물다', 及급은 '미치다, 이르다'다. 보통 不及불급 뒤에 禍화가 생략되었다고 여기고 해석한다.

뱁새가 황새 따라가면
다리가 찢어진다

邯鄲學步

한단(조나라 수도 이름)   배울 학   걸음 보

얼마 전 TV에서 아무개 연예인이 자신의 서글픈 일화라며 어느 방송에서 한탄조로 신세타령을 늘어놓았다. 자기는 원래 말을 무지 잘했다. 이렇게 더듬지 않았다. 근데 어릴 적에 웅변 학원을 다녔는데 거기에서 말을 몹시 더듬는 말더듬이를 만났다. 더듬더듬하는 말투가 하도 신기하고 재밌어 보여 무심결에 따라 하곤 했다.

원래 사람이란 따라 하며 배운다. 갓난애들은 부모가 하는 말과 행동을 보며 따라 배운다. 인간의 본능 중

하나가 모방 본능이다. 모방 자체는 결코 나쁘거나 잘못된 것이 아니다. 하나 뭐든지 정도껏 해야 좋지, 그렇지 않으면 외려 낭패 보기 십상이다.

이 아무개 연예인도 딱 그 짝이다. 신기하고 재밌어 보여 흉내 내며 따라 한 것까지는 좋았는데 그걸 너무 즐겼다. 더 나아가서는 아예 제 것인 양 오롯이 체화體化를 하고 말았다. 그리하여 끝판에는 본래 자기가 가지고 있던 좋은 점마저 잃어버렸다. 그 연예인은 대충 이런 내용의 웃지 못할 희비극 같은 에피소드를 특유의 더듬대는 말투로 푸념하였다.

【　한자를 읽어보자　】

學학 —— 臼양 손 + 爻책 + 冖집 + 子자

臼는 양손이다. 爻는 책이다. 양손으로 책을 잡고 있는 모양이다. 爻는 책을 엮은 줄로 보아도 좋고, 글자 이전 단계의 매듭(결승)으로 보아도 좋다. 冖은 집이다. 양손으로 책을 잡고 배우는 공간이다. 子지는 아이다.

　學학은 아이가 양손으로 책을 잡고 집에서 배우는 모습을 나타냈다. '배우다, 흉내 내다, 모방하다'다.

步보 ──────── 두 발로 걸어가는 모습

위에 있는 止지는 발이고 아래 있는 것도 발이다. '걷다, 걸음걸이, 걸음새'다.

邯鄲한단 ── 중국 하북성 한단시(河北省 邯鄲市)

전국시대 조趙나라의 수도였기 때문에 조나라를 대신하여 일컫기도 한다.

昔有學步於邯鄲者,
석 유　　학보어한단자

曾未得其髣髴, 又復失其故步,
증 미　　득기방불　　　우 부　　실기고보

遂匍匐而歸耳.　　　　—『漢書·敍傳上』
수　　　포복이구이

옛날에 한단에서 걸음걸이를 배우는 자가 있
었는데, 일찍이 그 비슷함도 얻지 못하고 또
다시 그 옛 걸음걸이도 잊어버려 결국은 기
어서 돌아갔다고 한다.　　　—『한서·서전상』

昔석은 '옛날에'다. 有유는 '~가 있었다'다. 學학은 '배우
다', 步보는 '걸음걸이'다. 於어는 '~에서'다. 邯鄲한단은
옛 조나라 수도다. 者자는 '~한 사람'이다. 曾증은 '일찌
기'다. 未미는 '아직 ~않다'다. 得득은 '얻다', 其기는 '그',
髣방과 髴불은 둘 다 '비슷하다'다. 又우는 '또', 復부는 '다

시'다. 失실은 '잃다, 잊다', 故고는 '옛', 步보는 '걸음'이다. 遂수는 '드디어, 마침내'다. 匍포와 匐복은 둘 다 '기다'다. 而이는 '~해서' 쯤으로 푼다. 歸귀는 '돌아오다'다. 한단학보邯鄲學步는 '한단에서 걸음걸이를 배운다'란 뜻이다.

남의 손에 든 떡이 더 커 보이고, 남의 밥에 든 콩이 굵어 보이는 법이다. 정신이 가난한 사람일수록 더욱 그렇다. 내게 좋고 내게 어울리는 것을 이미 부모로부터 알짜배기로 물려받아 누리고 있음에도 자꾸 남의 것에 한눈을 판다. 내게 좋아 보이는 그것은 사실 그 사람한테나 어울리고 좋은 것인데도 말이다.

뱁새가 황새를 따라가면 다리가 찢어진다. 다리만 찢어지는 게 아니라 본래 가지고 있던 내게 맞고 내게 어울리고 내게 좋은 걸음걸이마저 잃어버리고 만다. 내게 있는, 내가 가지고 있는 것들을 내가 사랑하고 좋아하지 않는다면 그 누가 좋아해 주고 사랑해 주겠는가! 자기 자신을 진정으로 사랑하고 좋아할 줄 알아야 남도 진심으로 사랑하고 좋아할 수 있다. 자기 자신을 사랑

하지 않는데 남을 좋아한다면 그것은 거짓이고 자기기
만이다.

단 맛이 있으면 쓴 맛도 있는 게 세상 이치다

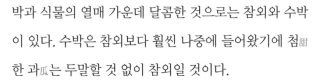

瓜甛滯苦

오이 과　달 첨　꼭지 체　쓸 고

박과 식물의 열매 가운데 달콤한 것으로는 참외와 수박이 있다. 수박은 참외보다 훨씬 나중에 들어왔기에 첨甛한 과瓜는 두말할 것 없이 참외일 것이다.

참외는 육질이 연하고 아삭하며 향기가 있고 달콤하다. 생김새도 동긋하니 깜찍하고 때깔도 곱디곱다. 여느 외(오이) 마냥 멋대가리 없이 길쭘하지 않다. 그래서 돌~, 개~, 들~ 보다 상대적으로 좋은 품종임을 나타내는 '참~'을 붙여서 참외라고 불렀을 것이다. 참외는 그야말로 뭐 하나 빠지는 데가 없다.

각자무치角者無齒라는 말이 있다. 뿔이 있는 놈은 이가 없다는 뜻이다. 그래서 뿔 있는 노루나 사슴은 송곳니가 없고, 뿔 없는 고라니는 송곳니가 있다. 이처럼 자연은 참으로 공평하다. 흠 없는 사물은 없다. 저마다 모자라고 달리는 구석을 한두 가지씩은 갖고 있다. 사람도 마찬가지다. 한 사람이 모든 복이나 재주를 죄다 누리고 가질 수는 없다. 말재주 가진 사람은 글재주가 달리고, 운동신경이 뛰어난 사람은 글구멍이 좀 어둡다. 참외도 다르지 않다. 열매는 달고 맛있지만, 그 열매의 꼭지는 씁쓰레하다(과첨체고瓜甜蒂苦).

대체로 사물은 쌍전雙全하기가 어렵다. 흠 없는 사물이 있을 수 없고, 흠 없는 사람이 있을 수 없다. 그러하기에 너무 야멸치게 사람들을 대하지 말고, 너무 완벽함을 추구하지 말자. 열매만 달곰하면 됐지 꼭지까지 달짝지근하기를 바라지 말자. 부족하고 모자라면 그것대로 아쉬움을 보듬어 안고 살아가면 되지 않겠는가.

瓜과는 넝쿨과 식물에 열리는 열매를 그린 것이다

호리병박, 오이, 수세미외, 호박, 수박, 참외 같은 박과 식물과 그 열매다. 瓜과가 들어있는 한자는 이런 열매와 관련이 있다. 瓟오이 박, 瓠표주박 호 등이 그렇다.

甜첨 ——————— 舌설 + 甘감

舌설은 '혀'다. 입(口구)에서 내민 혀라는 설명도 있고, 입으로 부는 악기에서 나는 소리라는 설명도 있다. 甘감은 입 안에서 느끼는 '단맛'이다.

甜첨은 甛으로도 쓰며 꿀이나 설탕을 입에 넣었을 때 느끼는 '단맛'을 뜻한다.

蒂체 ——————— 艹초 + 帝제

艹초는 '풀'이다. 艹초가 쓰인 한자는 대부분 '풀, 식물'

과 관련 있다. 帝_제는 '황제, 임금'이다. 맨 윗자리다.

蒂_체는 아마도 열매나 풀의 맨 윗부분을 나타내기 위해 만든 듯하다. '꼭지, 가시'라는 뜻이 그렇다. 蔕로도 쓰며 여기서는 잎사귀나 열매를 가지에 달려 있게 하는 짧은 줄기, 즉, 꼭지를 가리킨다.

苦_고 ——————— 艹_초 + 古_고

古_고는 '예'다. 오래된 것이다. 苦_고는 오래된(古) 풀(艹)이다. 오래된 풀은 맛이 쓴 모양이다. 그래서 뜻은 '맛이 쓰다, 괴롭다'다.

【　옛 글을 읽어보자　】

事沒雙全, 自古瓜甜蒂苦.
사물쌍전　　자고　　과첨체고

—『掃花遊』楊澤民』

50

둘 다 온전할 수는 없는 법이다. 자고로 참외는 달지

만, 그 꼭지는 쓰다.　　　　　―『소화유』양택민

事사는 '일'이다. 沒몰은 '빠지다'다. 뒤에 명사가 오면 그
것이 '없음'을 나타낸다. 雙쌍은 '둘 다', 全전은 '온전함'
이다. 自지는 '~로부터', 古고는 '예'다. 瓜과는 '참외', 甜
첨은 '달다', 蒂체는 '꼭지', 苦고는 '쓰다'다.

자기 몸을 함부로 다뤄
죽는 것만큼 헛된 죽음은 없다

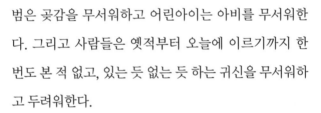

畏壓溺

두려워 할 외　누를 압　빠질 익

범은 곶감을 무서워하고 어린아이는 아비를 무서워한다. 그리고 사람들은 옛적부터 오늘에 이르기까지 한 번도 본 적 없고, 있는 듯 없는 듯 하는 귀신을 무서워하고 두려워한다.

귀신은 정작 사람이 죽은 뒤에도 사라지지 않는다는 넋이다. 말하자면 우리네 조상인 셈이다.

옛날 옛적 사람들은 사람이 죽어서 된 귀신 형상을 상상으로 그려서 추상적 의미인 두려움과 무서움을 표시했다. 바로 畏외다. 畏외는 '두려움에 질리어 비명에 가다, 두려움을 못 이기고 자결하다'를 뜻한다. 옛 전설을 보면 귀신을 보고 까무러쳐 죽는 이야기가 많다. 귀신 때문에 죽는 게 아니라 귀신에 대한 두려움 때문에 죽는 것이다.

옛사람은 물리적 혹은 심리적 위협을 받고 두려움에 질려 자결하는 죽음을 애도하지 않았을뿐더러 조문하지도 않았다. 억울함을 풀려고 애써 보지도 않고 원한만 품고 자결하는 죽음도 슬퍼하지 않을뿐더러 문상하지도 않았다. 두려움에 져 비명에 가는 죽음은 비겁한 죽음이기 때문이다. 오늘날도 두려움에 지레 겁먹고 자살하는 사람을 심심찮게 볼 수 있다.

厭싫어할 염은 개가 배가 부른 나머지 고깃덩이를 짓뭉개며 가지고 노는 모습을 나타낸 한자다. 여기에 土토를 더한 것이 壓압이다. 壓압은 위험해 보이는 바위 밑이나 아슬아슬하게 쌓여 있는 흙더미 밑을 꾸역꾸역 가다가 깔려 압사하는 걸 말한다. 오늘날에도 이런 죽음이 부지기수다. 옛사람은 이런 죽음도 애도하지 않았을뿐더러 조문하지도 않았다.

溺익은 다리가 엄연히 있음에도, 배가 있음에도 그걸 이용하지 않고 꾸역꾸역 헤엄쳐 건너다가 익사하는 걸 말한다. 만용을 부리다가 물귀신 되는 사람 여럿 봤다. 옛사람은 이런 죽음도 애도하지 않았을뿐더러 조문하지도 않았다.

제 몸을 사랑하지 않고, 부모, 형제를 생각하지 않고, 함부로덤부로 몸을 놀리다가 죽었기 때문이다.

【　　한자를 읽어보자　　】

畏외 ──────── 田 + 匕(化)화

田전은 '밭'이 아니라 '귀신 얼굴'이다. 같은 예가 異다를 이에도 보인다. 匕(化)화는 '변화하다'다.

畏외는 귀신이 된 존재를 보고 두려워하는 모습을 나타냈다.

壓압 ——————— 厭염 + 土토

厭염은 '물리다, 싫어하다'다. 개가 먹을 것을 실컷 먹고 만족한 상태를 나타낸다. 여기서는 발음 기호 역할을 한다. 土토는 '흙'이다.

壓압은 '흙에 깔리다. 누르다'다.

溺익 ——————— 氵(水)수 + 弱약

氵수는 '물'이다. 弱약은 '약하다'다. 오래된 활줄이 끊어져 너덜너덜한 모양을 나타냈다. 여기서는 발음 기호 역할을 한다.

溺익은 '물에 빠져 죽다'다.

千金之子 坐不垂堂,
　　천금지자　　좌불수당

萬乘之主 行不履危.
　　만승지주　　행불리위

—『晉書·石季龍載記』

부잣집 자식은 마루 끝에 앉지 않고, 천자는 위험한

땅을 밟지 않는다. —『진서·석계용재기』

千천은 '1,000', 金금은 '금, 돈, 재물'이다. 千金천금은 '많
은 돈'이다. '부잣집'을 말한다. 坐좌는 '앉다', 垂수는 '드
리우다', 堂당은 '집, 마루'다. 垂堂수당은 '마루 끝에 다리
를 드리우는 것'이다. 萬만은 '10,000', 乘승은 '수레'다.
萬乘만승은 '수레 일만 대를 동원할 수 있는 천자의 나
라'다. 主주는 '주인, 임금'이다. 行행은 '다니다, 걷다', 履
리는 '신, 밟다', 危위는 '위험하다'다.

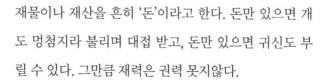

열 번째
아 침

지나친 재물욕이
음탕함을 부른다

富貴不能淫

부유할 부 귀할 귀 아닐 불 능할 능 음란할 음

재물이나 재산을 흔히 '돈'이라고 한다. 돈만 있으면 개
도 멍첨지라 불리며 대접 받고, 돈만 있으면 귀신도 부
릴 수 있다. 그만큼 재력은 권력 못지않다.

　貴귀는 사회적 지위가 높음을 가리킨다. 사회적으로
높은 신분에 오르기는 어렵고 힘들뿐더러 모든 사람이
누릴 만큼 자리가 넉넉하지 않다. 그 때문에, 귀하다는
말 속에는 드물거나 적다는 뜻이 들어 있다. 돈은 많을
수록 가치가 떨어지고 물건은 적을수록 값이 오르고 귀

해진다. 자고로 재력과 권력을 아울러 가지고 누리기는 참으로 어렵고 힘들다. 재력이 있으면 권력이 없고, 권력이 있으면 재력이 없는 것이 보통이다. 그 때문인지 재력가와 권력가가 짝짜꿍이하고 짬짜미하는 경우가 예전에도 있었고 오늘날에도 여전하다. 말 타면 경마 잡히고 싶은 게 사람 욕심이다. 몇몇 재력가는 아예 권력까지 손아귀에 넣으려고 용을 쓴다.

반대로 일부 권력가는 재력까지 함께 누리려고 가진 권력을 악용하여 돈을 긁어모으는 데 혈안이다. 재력을 가진 사람은 권력에 마음 빼앗기고 눈멀었기 때문이고, 권력을 쥔 사람은 돈의 유혹에 마음 흔들리고 홀렸기 때문이다. 이러할진대 보통 사람이야 오죽하겠는가! 뉘라서 부귀에 미혹되지 않겠는가. 열에 일곱 여덟은 부귀에 홀려서 정신을 차리지 못할 터이다. 하지만 된 사람이라면 결코 겉허울에 휘둘리지 않는다. 남들 다 흔들리게 하는 부유함과 귀함이 흔들지 못하는 사람(부귀 불능음富貴不能淫)! 당신 곁에 그런 사람을 두기를 힘써야 하지 않겠는가.

富_부 ——————— 宀_면 + 畐_복

宀면은 '집'이고, 畐복은 '술동이'다.

富부는 집안에 술동이가 있는 것이다. '넉넉하다, 부유하다'다. 부유하여 먹을 게 남아도니 술을 빚어 창고에 채울 수 있는 것이겠다.

貴_귀 ——————— 臾_{(臾)유} + 貝_패

臾(臾)유는 사람人이 두 손臼으로 무언가를 받들고 있는 모습이고, 貝패는 '조개, 돈, 재물'이다.

貴귀는 귀한 재물을 두 손으로 받드는 모습이다. '귀하다'다.

淫_음 ——————— 氵(水)_수 + 㸒_음

氵(水)수는 '물'이다. 㸒음은 爫조+壬임이다. 爫조는 '손'

이고 壬임은 '사람'이다. 어떤 사람에게 다가가 손으로 잡는 것을 표현했다. '가까이하다, 구하다'다.

淫음은 '어떤 사람에게 가까이 다가가다'라는 뜻에 물의 '축축함'이라는 이미지를 더했다. '음란하다, 탐하다, 제멋대로 하다'라는 뜻을 나타내기 위함이다.

【 옛 글을 읽어보자 】

富貴不能淫, 貧賤不能移,
　　부귀불능음　　　　빈천불능이

威武不能屈, 此之謂大丈夫.
　　위무불능굴　　　　차지위대장부

— 『孟子·滕文公下』

───────────────

돈과 권력을 가졌으면서도 음탕하지 않은 사람, 가난하면서도 유혹에 흔들리지 않는 사람, 폭력 앞에서도 무릎 꿇지 않는 사람, 이런 사람을 대장부라 한다.
— 『맹자·등문공상』

富부는 '부유함', 貴귀는 '귀함'이다. 富貴부귀는 시쳇말로 '돈과 권력'이다. 能능은 '~할 수 있다', 淫음은 '음란하다, 음탕하다'다. 不能淫불능음은 '음탕하게 할 수 없다'다. 富貴不能淫부귀불능음은 직역하면 '부유함과 귀함이 (그를) 음탕하게 할 수 없다'가 된다. 貧빈은 '가난함', 賤천은 '천함'이다. 移이는 '옮기다'다. 威위는 '위엄', 武무는 '무력, 폭력'이다. 屈굴은 '굽히다'다. 此차는 '이, 이 사람'이다. 謂위는 '~라 이르다'다. 大丈夫대장부는 말 그대로 '대장부'다.

나눔으로 가난해진다면
가난은 거룩한 것이다

分配

나눌 분   나눌 배

分분에서 八팔은 두 굽은 획이 서로 등지고 있는 모양이
다. 물체를 둘로 쪼갰을 때 으레 이런 모습이다. 그러므
로 八팔은 본디 '쪼개다, 나누다, 가르다'는 뜻을 표시한
다. 어떤 물체는 손힘만으로도 쪼갤 수 있다. 扒빼 배가
만들어진 까닭이다. 어떤 물체는 칼의 힘을 빌려야만
둘로 가를 수가 있다. 그래서 八팔에 아랫부분에 칼을
뜻하는 刀도를 더해 分분을 만들어 냈다. 사과 따위를 둘
로 쪼갤 때 두 손에 힘을 주고 좌우 양쪽으로 한껏 벌리

면 쫙 갈라진다. 바로 掰쪼갤 배처럼 말이다. 나누다는 分
분이 공평하다는 公공과 윗부분(八팔)을 공유함은 결코
우연이 아니다. 분배는 모름지기 공평해야 함을 넌지시
일러 주는 것 같다.

配배에서 酉유는 바로 酒주고, 酒주는 인간이 유일하
게 신과 더불어 나눠 마시는 음료다. 酉유는 술독이나
술항아리, 술통 모양을 본뜬 글자다. 술은 물 같은 액체
이므로 나중에 액체를 표시하는 氵수를 더해 酒주를 만
들어 냈다. 己기는 여기서 起기에서와 마찬가지로 꿇어
앉아 있는 사람으로 보면 될 듯하다. 그러므로 配배는
술통 옆에 꿇어앉아 있는 사람 모습이다. 아마도 항아
리에 든 술을 술구기로 퍼서 술손님들에게 몫몫이 고
루고루 나누어 주는 모습일 게다. 먹는 것 가지고 차별
하면 마음 상하기 십상이고 토라지기 십상이다. 특히나
술꾼들에게 술을 가지고 놀리면 벌컥 역정 내며 대번에
주먹다짐하려 들 터이다. 신경을 써서 고르고 똑같게
나누어 주어야 의가 상하지 않고 싸움이 터지지 않을
것이다.

예나 지금이나 생산 활동 중에는 목소리가 높아지지 않는다. 설령 목에 핏대를 세우다가도 이내 누그러진다. 우선 당장은 먹고 살아가는 데 꼭 필요한 물품이나 가치를 생산해 내야 하기 때문이다. 그러하기에 동서고금을 막론하고 생산 과정은 그럭저럭 굴러간다. 문제는 분배다. 생산만큼이나, 아니 생산보다 더 중요한 것이 바로 분배다. 분배는 그저 생산된 물건이나 가치를 기계적으로 나누어 갖는 행위가 아니다. 분배는 그야말로 재생산 과정의 한 부분이다. 공정하고도 공평한 분배 기준은 따로 존재하지 않는다. 어떻게 하는 것이 균배均配이고, 무엇이 균등 배분인지에 관해 사회 구성원의 희생적인 합의가 먼저 있어야 할 것이다.

【 　한자를 읽어보자　 】

分 분　—————　八 팔 ＋ 刀 도

八 팔은 '여덟'이라는 뜻 이전에 '나누다'라는 뜻을 먼저

가졌다. 물건이 둘로 나누어지는 모양이다. 刀_도는 '칼'
이다.

分_분은 칼로 물건을 둘로 나누는 것을 표현했다.

配_배 —————— 酉_유 + 己_기

酉_유는 십이지 중 열 번째인 '닭'에 해당하여 '닭 유'라고
하지만, 처음에는 '닭'과 관련이 없었다. 酉_유는 '술동이'
였다. 己_기는 '몸, 자기'다. 본래는 결승結繩으로 일을 기
록하는 것이었지만 나중에 '사람, 몸'이란 뜻을 가지게
되었다.

配_배는 술동이 옆에 사람이 있는 것이다. '술을 나누
어 주는 사람'이다. '짝, 나누다'라는 뜻으로 쓴다.

有國有家者, 不患寡而患不均,
　유국유가자　　　　불환과이환불균

不患貧而患不安.
　불환빈이환불안

蓋均無貧, 和無寡, 安無傾.
　개균무빈　　화무과　　안무경

　　　　　　　　　　　　— 『論語·季氏』

나라를 가지고 집을 가진 자는 (백성이) 적음을 근심하지 않고 고르지 못함을 근심하며, 가난함을 근심하지 않고 편안하지 못함을 근심한다. 고르면 가난함이 없고, 화목하면 적음이 없고, 편안하면 기울어짐이 없다.
　　　　　　　　　　　　— 『논어·계씨』

有유는 '가지고 있다', 國국은 '나라', 家가는 '집'이다. 患환은 '근심하다'다. 寡과는 '적다'다. 여기서는 '백성이 적음'이다.

均_균은 '고르다'다. 여기서는 '백성들이 각기 그 몫을 얻음'이다. 貧_빈은 '가난하다'다. 여기서는 '재물이 모자람'이다. 安_안은 '편안하다'다. 여기서는 '윗사람과 아랫사람이 모두 편안함'이다. 蓋_개는 '대개'다. 和_화는 '화하다, 화목하다'다. 傾_경은 '기울다'다. 여기서는 '나라가 전복됨'이다.

열정과 과욕은
반드시 가려야 한다

量力而行

헤아릴 량　힘 력　말 이을 이　행할 행

量力양력은 힘을 헤아리는 것이다. 헤아린다는 것은 알아본다는 것이다. 내 힘이 얼마인지, 내 능력이 어느 정도인지 미리 알아본다는 거다. 그리고 내 힘과 능력으로 그 일을 해낼 수 있겠다 싶으면 덤비고, 감당할 힘이나 능력이 부족하다 싶으면 일찌감치 단념해야 한다. 오르지 못할 나무는 쳐다보지도 말라고 했다. 헛고생만 죽어라 하고 중도에서 포기한다면 얼마나 미련스럽고 얼마나 안타까운 일인가. 구멍 보아 가며 말뚝 깎으랬다. 내 능력 보아 가며 일을 맡아 하라는 말이다.

만일 낙숫물이 댓돌이 아닌 솜뭉치에 구멍을 뚫으려고 했다면 그게 가능한 일이겠는가. 만일 도끼가 제 주제도 모른 채 나무가 아닌 물을 베려고 덤빈다면 그게 될 성싶은 일이겠는가. '水滴石穿수적석천: 물이 돌을 뚫는다'이라 했지만 동시에 '量力而行양력이행: 역량을 헤아리고 행동한다'을 생각해야 한다. 돌이니까 물방울이 뚫을 수 있는 것이다. 내 능력으로 그걸 해낼 수 있을지 없을지 잘 헤아려 보지도 않은 채 무턱대고 덤빈다면 십중팔구는 중동무이 될 게 뻔하다. 감당도 못 할 일을 덥석 맡았다가는 힘에 부쳐 쩔쩔매며 허덕일 것이다. 이루기는커녕 외려 그르치거나 욕만 잔뜩 먹을 것이다. 꾸준함으로 이룰 수 있는 것이 있고, 꾸준함만으로는 곤란한 것이 있다. 자기 역량이나 능력도 모르고 무모하게 덤비는 사마귀는 되지 말아야 한다.

量양 ——— **曰** 그릇 + **里** (東)동

曰은 '가로 왈'이 아니다. '그릇'이다. 한자에는 아직 혼자서는 쓰지 못하는 '~ 모양'이 남아있다. 里도 '마을 리'가 아니다. 東동이 변형된 것이다. 東동은 '동쪽'이지만 본래는 '자루'였다.

　量양은 농부가 논밭에 파종하기에 앞서 땅 넓이에 근거하여 뿌릴 씨앗의 분량을 정확히 헤아리는 모습을 나타낸 한자다. 자루東를 등에 짊어지고 논밭으로 나르는 모습이다. 무얼 나르는 걸까? 농작물 씨앗이다. 東동은 바로 농작물 씨앗을 담은 자루다. 윗부분(田)은 파종할 씨앗 수량을 재는 데 쓰는 그릇이다.

力력 ——— '쟁기, 따비'

옛적에 논밭을 갈던 오늘날 삽처럼 생긴 농기구다. 쟁기나 따비로 논밭을 갈자면 '힘'을 써야 하고 '힘'이 들

것이다.

力能則進, 否則退, 量力而行.
역능즉진　　　　부즉퇴　　　　양력이행

— 『左傳·昭公十五年』

역량이 있으면 나아가고, 그렇지 않으면 물러나야

하니 역량을 헤아리고 행동해야 한다.

— 『좌전·소공십오년』

力력은 '힘, 역량'이다. 能능은 '할 수 있다, 잘한다'다. 進진은 '나아가다'다. 앞으로 가는 것이다. 否부는 '아니다, 그렇지 않다'다. 退퇴는 '물러나다'다. 뒤로 가는 것이다. 量량은 '헤아리다'다. 行행은 '행하다'다.

과하지 않게,
부족하지 않게

過猶不及

지날 과   같을 유   아닐 불   미칠 급

過과는 '과하다, 과분하다'다. 지나치고 넘치는 것이다. 넘치게 베푸는 사랑이야 주는 사람 입장에서는 좋아 보일지 몰라도 받는 사람 입장에서는 부담스러울 수 있다. 예컨대 부모의 관심과 사랑도 지나치고 넘치면 도리어 아이를 힘겹게 할 수 있고 버겁게 할 수 있다. 자칫하면 엇나가거나 탈이 날 수 있다. 아이들 각자의 그릇에 맞추어 관심과 사랑도 과부족 없이 알맞게 주어야 할 터이다. 정도가 지나치거나 넘치면 탈이 생길 수 있고 역효과를 낳기 십상이다.

猶유에서 酋유는 빚은 지 한참 된 술이다. 진하고 잘 익은 술이다. 잘 익은 진하고 맛좋은 술을 진탕 마시고 취해서 개처럼 구니 '개 같다'는 말이 생겼을 터이다. 猶유를 통해 짐작건대 요즘도 그렇지만 옛적에도 술만 먹으면 개가 되는 사람이 많았나 보다. 술에 취해 개 '같은' 짓 한다는 데서 '같다, 마찬가지다'는 뜻이 나왔다.

不及불급은 '미치지 못함'이다. 일정한 수준이나 정도에 이르지 못하고 모자라는 것이다. 넘쳐도 탈이지만 모자라도 문제다. 화분에 물을 주더라도 지나치면 외려 뿌리를 썩게 만드는 역효과를 가져오지만, 양껏 주지 않고 모자라게 주면 잘 자라지 않을뿐더러 자칫하면 말라 죽을 수 있다.

과잉도 문제를 불러오고 결핍도 문제를 일으킨다. 과잉 친절에 부담을 느낀 고객은 물건을 구매하려는 마음을 지레 접고 그냥 가 버린다. 영양 과잉으로 일찍부터 비만증에 시달리는 아이들도 숱하다. 과잉보호로 말미암아 버릇없는 사람으로 성장할뿐더러 마마보이나 응석받이가 되는 경우가 허다하다. 반대로 부모의 적당한 애정과 관심을 제때에 제대로 받지 못하고 자란 아이는 감정이 메마르고 감성은 퍽퍽해진다. 사랑에 목말라하며 허기진 한때를 보낸 아이가 밝고 아름답게 자라기는 참으로 난망하다. 자녀 양육뿐만 아니라 세상만사가 다 그렇다. 지나쳐도 안 좋고 모자라도 안 좋다. 그 상황에 가장 알맞은 행동을 취하는 것이 바로 길이고 예禮다.

【　한자를 읽어보자　】

猶유 ────── 犭(犬)견 + 酋유

犭(犬)견은 '개', 酋유는 '술동이'다. 猶유는 술을 진탕 마시고 난 뒤 개처럼 된 것을 표현하고 있다. '같다'다.

及 급 ———————— 丿(人)인 + 又 우

丿(人)인은 '사람'이고, 又우는 '손'이다. 及급은 사람을 뒤따라가 손으로 잡는 모습이다. '~에 미치다, 이르다'다.

人謂過猶不及, 當務適中.
인위과유불급   당무적중

—『閑情偶寄』李漁

사람들이 말하기를 지나친 것은 모자란 것과 같다고 한다. 마땅히 중도에 맞도록 힘써야 할 것이다.

—『한정우기』이어

謂위는 '이르다, 말하다'다. 過과는 '과하다, 지나치다'다. 猶유는 '~와 같다'다. 及급은 '~에 미치다', 當당은 '마땅하다', 務무는 '힘쓰다', 適적은 '맞다'다.

75

천함과 귀함은
밖에 있지 않고 안에 있다

貴遺

귀할 귀   남길 유

있을 때는 그게 귀한 줄 모른다. 사람이고 물건이고 있을 때는 고맙고 소중한 줄 모른다. 잃고 없어져 봐야 비로소 소중한 줄 알고 귀한 줄 알게 된다. 재물 귀한 줄 모르고 물 쓰듯 하다가 없어지고 나서야 아쉬워하고, 가진 물건이라고 함부로 다루다가 잃어버리고 나서야 아까워한다. 귀한 것 따로 있고 천한 것 따로 있는 게 아니다. 그걸 대하는 사람에 귀천이 있을 따름이다. 고귀한 사람은 모든 걸 귀하고 소중하게 대할 것이고, 천박

한 사람은 대하는 것마다 천하게 굴릴 것이다. 귀하고 천함은 밖에 있지 않고 안에 있다. 그걸 대하고 다루는 사람에게 있다.

있을 때 잘해야 한다. 물건도 있을 때 아껴야지 없으면 아낄 수도 없다. 사람도 마찬가지다. 있을 때 잘 챙겨 주고 관심 가져 줘야지 죽거나 가고 난 뒤에 서운해한들 아무 소용없다. 이 세상에 귀하지 않은 게 하나 없다. 자식도 귀하고 부모도 귀하고 아내 또한 귀하다. 물건도 마찬가지다. 저마다 소중하고 귀하다.

그렇다고 물건 잃어버렸다고 너무 속상해하지는 말자. 나는 잃어버렸을지라도 그걸 주울 사람을 생각하면, 그 사람을 위해 그 물건을 남겨두었다고 생각해도 될 듯하다. 그래서 만들어 낸 한자가 바로 유遺다. 길을 가다 잃어버린 물건은 뒤에 오는 사람에게 남긴 거나 진배없다. 달리 말하면 뒷사람에게 은덕을 끼친 것이라 해도 틀리지 않다.

貴_귀 ─────── 虫(臾)_유 + 貝_패

虫(臾)_유는 臼+人인이다. 臼는 '양 손'이다. 사람이 두 손으로 무언가를 받들고 있는 모습이다. 貝_패는 '조개' 다. 고대 중국에서는 조개를 화폐로 사용했기 때문에 貝_패는 돈이라는 뜻도 가진다. 貝_패가 쓰인 한자는 주로 '돈, 재물'과 관련한 뜻을 가진다.

　　貴_귀는 귀한 재물을 두 손으로 받드는 모습니다. '귀 하다'다.

遺_유 ─────── 貴_귀 + 辶(辵)_착

貴_귀는 '귀하다'고, 辶_착은 '길을 가다'다.

　　遺_유는 '귀한 것을 두 손에 들고 길을 가다가 잃어버 리는' 모습을 나타냈다. 또는 재물은 돌고 도는 것이라 는 생각이 반영되어 '귀한 것이 어디론가 가 버리다'라 는 뜻을 나타낸 것이라는 설명도 있다. '잃다, 버리다,

남기다'다.

錢益多而輕, 物益少而貴.
전   익다이경   물   익소이귀

—『漢書·食貨志』

돈은 많을수록 가벼이 여기고, 물건은 적을수록 귀
하게 여긴다.   —『한서·식화지』

錢전은 '돈'이다. 益익은 '더하다, 더욱'이다. 多다는 '많
다'다. 輕경은 '가볍다, 가벼이 여기다'다. 物물은 '만물,
물건'이다. 少소는 '적다', 貴귀는 '귀하게 여기다'다.

인색함은
탐욕을 채우는 도구다

節用

미디 절　　쓸 용

대 마디는 일매지게 규칙적이다. 또 대 줄기가 마냥 자라지 않도록 일정하게 마디마디 한정을 지어 제한한다. 그래서 節절은 '마디, 규칙, 제도' 등 무언가 제한해야 하고 절도 있어야 하는 행위와 관련한 뜻으로 사용된다. 돈이나 물건을 함부로 아무렇게나 쓰지 않고 제한적으로, 절도 있게 사용한다는 뜻을 표현할 때도 節절을 쓴다.

　농경사회에서 '통'은 날마다 사용하는 유용한 물건이

다. 그런데 用용은 '통'이긴 하지만 좀 이상한 통이다. 用용을 찬찬히 뜯어보면 밑이 빠졌다. 꽤나 철학적인 글자다. 쓰기로 작정하면 밑 빠진 독에 물 붓기 식으로 얼마든지 쓸 수 있다는 뜻을 넌지시 내보이는 것일 게다.

아껴 쓰는 것은 좋은 거다. 시간을, 돈을, 물건을 아끼고 절약하는 습관은 참으로 어여쁘다. 아낀다는 것은 그것을 귀중하게 여기고 아까워한다는 말이다. 귀중하게 여기기에 아무렇게나 다루지 않고, 아까워하기에 함부로 쓰지 않는다. 그러나 아끼는 것도 정도껏 해야 한다. 분수에 맞게 해야 한다는 말이다. 소비도 분수에 맞게 해야 하지만 절약 또한 분수에 맞게 해야 한다. 일률적으로 다 자린고비 노릇을 해서는 안 된다. 십 원 가진 사람부터, 만 원 가진 사람까지 죄다 똑같이 돈을 아껴 쓰라고 권한다면, 이는 다 같이 가난하게 살자는 말과도 같다. 돌아야 할 돈마저 돌지 못하게 하는 이런 어리석은 절약행위는 마땅히 하지 않아야 한다.

節用절용은 '절도 있게, 절제하여 씀'이다. 무작정 아끼는 것과는 다르다. 절도節度는 '정도에 알맞게 하는 규칙적인 한도'다. 절제節制는 '정도를 넘지 않도록 알맞게 조절하여 제한함'이다. 그러므로 節用절용은 '알맞게 씀'으로 풀어야 한다. 지나치지 않도록 알맞게 제한하며 아껴야 한다. 아끼는 것이 찌로 간다는 속담도 있지 않은가. 너무 아끼고 쓰지 않으면 외려 잃거나 쓸모없게 돼 버린다. 節用절용은 말 그대로 절제하면서 쓸 것은 쓰고 아낄 것은 아끼자는 말이다.

【 　한자를 읽어보자　 】

<h1 style="text-align:center">節 절 ──────── 竹 죽 + 卽 즉</h1>

竹죽은 '대나무'다. 卽즉은 皀급+卩절이다. 皀급은 '밥이 담긴 그릇'이고 卩절은 '무릎 꿇고 앉은 사람'이다. 卽즉은 '밥을 먹기 위해 음식 앞으로 나아가는 모습'이다. 본래 뜻은 '나아가다'고, 나중에 '곧'이라는 뜻도 가지게 되었다.

節절은 '대나무가 나아가는 것'이다. 대나무가 자라는 방식과 관련하여 '마디, 규칙, 제도, 아끼다'라는 뜻이 생겼다.

用 용 —— 통나무 속을 깊이 파서 만든 '나무통'

甬용과 같으며 桶통의 본래 글자다. 甬용과 用용은 손잡이가 있고 없고 차이다. 甬용이 다른 뜻으로 더 많이 쓰이자 본래 뜻을 나타내기 위해서 木목을 덧붙여 桶통을 만들었다. 물건을 담는 나무통은 속이 비어 있기 때문에 쓸모가 있는 것이다. 甬용과 用용에 대해서는 제물로 쓸 소를 가두어 두던 '우리'라는 설명, 중요한 일을 알리는 '종'이라는 설명, 점칠 때 쓰던 '뼈'라는 설명도 있다.

貧家而學富家之衣食多用,
　　빈가　　　　이학부가지의식다용

則速亡必矣.　　　　　　—『墨子·貴義』
　즉속망필의

가난한 집이면서 부잣집이 입고 먹는데 많이 쓰는

것을 배운다면, 반드시 속히 망할 것이다.

—『묵자·귀의』

貧家빈가는 '가난한 집'이다. 學학은 '배우다'다. 富家부가
는 '부유한 집'이다. 衣의는 '옷, 입다', 食식은 '먹다', 多
다는 '많다', 用용은 '쓰다'다. 衣食多用의식다용은 '입고 먹
는데 많이 씀'이다. 則즉은 '~면'이다. 速속은 '빠르다',
亡망은 '망하다', 必필은 '반드시'다.

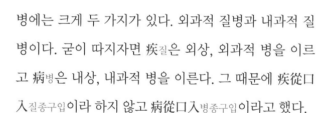

열여섯 번째   게걸스런 식탐은
아   침   몸까지 좀 먹는다

病從口入

질병 병   좇을 종   입 구   들 입

병에는 크게 두 가지가 있다. 외과적 질병과 내과적 질병이다. 굳이 따지자면 疾질은 외상, 외과적 병을 이르고 病병은 내상, 내과적 병을 이른다. 그 때문에 疾從口入질종구입이라 하지 않고 病從口入병종구입이라고 했다.

음식은 우리가 늘 먹고 마시는 물질이다. 오늘날은 무엇을 먹고 마실까 고민하기 보다는 어떻게 먹고 마실까를 좀 더 고민하는 것 같다. 먹고 마실 게 없던 시절에는 정말 하루하루 무엇을 먹을까를 근심하고 걱정하였다. 그만큼 먹을거리에 대한, 소중함도 뼈저리게 느끼며 살았다.

요즘 우리 사회는 그야말로 먹을거리가 남아도는 지경이다. 아직도 일부 사회는 먹을거리가 모자라 하루하루를 힘들게 보내기는 하지만 말이다. 여하튼 사회 전반은 먹을거리가 넘쳐난다. 예전에는 제철에만 맛볼 수 있었던 먹을거리를 요즘은 사시사철 아무 때나 먹을 수 있다. 예전 우리네 조상들은 철 따라, 자연에 순응하며 자연이 건강하게 길러서 알뜰히 내주는 먹을거리로 생명을 살찌웠다. 그러나 요즘은 제철 모르는 먹을거리가 판치는 세상이다. 철 없는 음식의 소중함을 모른 채 먹기 위해 먹어댄다. 언제든지 돈만 있으면 살 수 있을 정도로 넘치고 남아도니 음식 소중한 걸 모른다. 그래서 그런지 요즘 사람은 배설하기 위해 먹는 것 같다.

病 병 ————— 疒 녁 + 丙 병

疒녁은 병든 사람이 침상에 누워 있는 모습이다. 疒녁이 쓰인 한자는 질병과 관련한 뜻을 갖는다. 疫돌림병 역, 痛 아플 통, 疾병 질 등이 그렇다. 丙병은 여기에서 발음 기호 역할을 한다.

病병은 '병, 질병, 탈'이다

食饐而餲, 魚餒而肉敗, 不食.
식의이애　　　　어뇌이육패　　　　불식

色惡不食. 臭惡不食. 失飪不食.
색악불식　　　　취악불식　　　　실임불식

不時不食.　　　　　　　　　— 『論語·鄕黨』
불시불식

(공자는) 밥이 상하여 쉰 것과 생선이 물러터지고 고기가 부패한 것을 먹지 않았다. 빛깔이 나쁜 것을 먹지 않고 냄새가 나쁜 것을 먹지 않았으며, 요리를 잘못한 것을 먹지 않고 때가 아닌 것을 먹지 않았다.

—『논어·향당』

食식은 '밥'이다. 饐의는 밥이 습기와 열에 '상한 것'이다. 餲애는 밥맛이 '변하여 쉰 것'이다. 魚어는 '생선, 물고기', 餒뇌는 '물러터지다', 肉육은 '고기', 敗패는 '부패하다'다. 不食불식은 '먹지 않다'다. 色惡색악은 음식이 상해 '빛깔이 나쁜 것'이다. 臭惡취악은 음식이 상해 '냄새가 나쁜 것'이다. 失실은 '잃다', 飪임은 '익히다'다. 失飪실임은 음식을 알맞게 '익히지 못한 것'이다. 不불은 '아니다', 時시는 '때'다. 不時불시는 '제 때가 되지 않은 음식'이다. 곡식이 여물지 않았거나 과일이 익지 않은 경우다.

夫香美脆味, 厚酒肥肉,
부향미취미　　　후주비육

88

甘口而病形.

—『韓非子·揚權』

감구이병형

무릇, 향이 좋고 연하고 맛있는 것과, 좋은 술과 살

찐 고기는 입에는 달지만, 형체를 병들게 한다.

—『한비자·양권』

夫부는 '무릇, 대개'로 푼다. 香향은 '향, 냄새', 美미는 '좋
다, 아름답다', 脆취는 '연하다, 무르다', 味미는 '맛'이다.
厚후는 '두텁다, 좋다', 酒주는 '술', 肥비는 '살찌다', 肉육
은 '고기'다.

甘감은 '달다', 口구는 '입'이다. 而이는 접속사다. 여기
서는 역접이다. '그러나' 정도로 푼다. 病병은 '병들다',
形형은 '형체, 모양'이다. 여기서는 사람 몸을 가리킨다.

예전에는 음식이 귀하다 보니 요리에 무척 신경을
썼다. 정성스레 다듬고 손질하여 맛깔스럽게 요리해 밥
상에 내놓기까지 온 정성을 다했다. 말하자면 먹을거
리를 함부로 지망지망히 다루지 않았다. 자연이 길러준

먹을거리를 착실히 가져와서 하나하나 찬찬히 다듬고 손질하여 요리 재료로 썼다. 그 때문에 먹을거리로 탈이 나는 경우는 아주 드물었다.

먹을거리 때문에 탈이 생기는 경우가 몇 가지 있다. 음식 재료 손질을 대충하여 세균이나 오염 물질이 그대로 묻어 있는 경우가 그 하나고, 여러 종류의 좋다는 음식을 무턱대고 마구 섞어 먹는 경우가 그 하나다. 음식에도 엄연히 궁합이라는 게 있는데 마구잡이로 섞어 먹다 보면 영양을 얻기는커녕 외려 몸을 해칠 수 있다.

음식을 가리지 말고 골고루 먹으라 했다. 하지만 이 말을 곧이곧대로 믿어서는 안 된다. 편식하지 말라는 거지 골라서 먹지 말라는 건 아니다. 배탈을 일으킬 만한 것을 가려내고, 내 몸이 좋아하지 않는 것을 골라내고, 썩고 변질된 것을 골라내야 한다. 그리고 모르는 것은, 덮어놓고 먹지 않는다. 음식은 잘만 먹으면, 있는 병을 물리치는 약이 되지만 자칫 잘못 먹으면 병을 불러오는 수가 있다.

한 말 술에 끄떡없다가도 주량을 넘긴 단 한 방울에 정신을 잃는다

醉

취할 취

컵에 물을 따를 때 목 끝까지 부으면 넘치지 않는다. 허나 여기에 물 한 방울만 떨어뜨려도 바로 넘쳐흐른다. 자기 양껏 술을 마시면 결코 인사불성에 빠지고 토하고 필름이 끊기는 지경까지 가지 않는다.

공자孔子는 주량이 컸던 모양이다. 제자들이 보기에 술을 마실 때 한량없이 마심에도 불구하고 한 번도 제자들 앞에서 술주정한 적이 없다고 한다. 공자는 제 주량을 알고 술을 알맞게 마셨던 것이다.

자기 주량을 알고 양껏 마셨으면 술잔을 내려놓아야 한다. 마시고 싶은 유혹을 단칼에 베어버려야 한다. 술은 취할수록 더 마시게 마련이다. 말하자면 술이 술을 먹는다. 그럼 결국에는 술 먹은 개가 된다.

【　　한자를 읽어보자　　】

醉취 ─────── 酉유 + 卒졸

酉유는 술 담은 병을 본뜬 글자다. 나중에 십이지지 중 닭을 가리키게 되었다. 酉유에 氵수를 더하면 술병에 담긴 액체인 '술'(酒주)이 된다. 酉유는 일단 술과 관련한 글자에 많이 쓰인다. 醇진한 술 순, 醴단술 례가 그렇다. '발효 음식'과 관련한 글자에도 쓰인다. 醋초 초, 醬젓갈 장 등이 그렇다.

卒졸은 웃옷인 衣의에 ×표시를 한 병졸의 옷이다. 장군은 잘 죽지 않아도 병졸들은 쉬이 죽는다. 그래서 卒졸은 '병졸, 군사, 죽다, 마치다' 등 다양한 뜻을 가지게 되었다. 술을 다 마시고 끝까지 가면 醉취할취가 되고 새벽녘에 별이 희미해질 즈음 술이 깨면 醒깰성이 된다.

【　옛 글을 읽어보자　】

常酒者, 天子失天下, 匹夫失其身.
상주자　　　천자실천하　　　필부실기신

—『韓非子·說林 上』

항상 술을 마시는 자라면, 천자면 천하를 잃고, 필부면 그 몸을 잃게 된다.　　　　　　—『한비자·설림 상』

常상은 '항상'이다. 酒주는 '술 마시다'다. 常酒者상주자는 '항상 술을 마시는 자'다. 天子천자는 '하늘의 아들', '중국 왕'을 지칭한다. 失실은 '잃다'다. 天下천하는 '하늘과 땅', 즉 '왕의 나라'다. 匹필은 '짝'이다. 夫부는 '지아비'다. 匹夫필부는 '평범한 지아비', 즉 '일반 백성'이다. 其기는 '그'다. 身신은 '몸'이다. 其身기신은 '그 몸'이다. 즉, 匹

夫^{필부}가 '그 몸'을 잃었다면 전부를 잃은 것이다.

술을 마실 땐 '醉^취'자에 담긴 옛사람의 음주 철학을 제대로 알고 실천해 보자. 술을 마 실 때 적당량, 바로 자기 주량껏 마시고 기분 좋게 취하면 좋지 않겠는가. 술 취한 개는 절대 자기 입으로 취했다고 말하지 않는 다. 알맞게 취하도록 마신 사람이라야 기분이 알딸딸해 지며 붕 뜨는 기분을 느낀다. 그러면서 기분 좋게 "어! 취한다"라고 혼잣말한다.

사람이 술을 양껏 마신 상태에서 한 잔이라도 더 들 어가면 바로 술망나니로 전락한다. 이때가 되면 술이 술을 먹고 마지막에는 술이 사람까지 잡아먹는다. 당나 라 시인 이백^{李白}은 술에 목숨을 빼앗기고 말았다. 술을 너무 많이 마시고 인사불성 상태에서 강물에 비친 달을 끌어안으려다 빠져 죽었다고 한다.

醉^취는 야누스Janus처럼 양면성을 가진 글자다. 자기 주량을 알고 그 양만큼 마시면 절대 술로 몸을 망치지 는 않을 것이다. 하지만 주량을 조금이라도 넘기면 바 로 술 때문에 그 인생은 골로 가고 만다.

주인 없는 물건은
없다

物各有主

만물 물   각 각   있을 유   주인 주

옛 속담에 먼저 먹는 놈이 임자랬다. 임자 없는 물건은 먼저 차지하고 먼저 발견한 사람 것이라는 말이다. 가을에 떨어지는 도토리도 엄연히 임자가 있지만 사람들은 제 편한 대로 임자 없는 물건이라 우기며 다람쥐보다 더 빨리 주워 먹는다. 도토리만이 아니다. 엄연히 임자 있는 물건임에도 주인이 한눈을 팔기라도 하면 날름 덥석인다. 아무리 견물생심이라지만 자기 것이 아닌 물건에는 손을 대지 않는 것이 사람의 도리가 아닐까.

사람은 욕망하는 존재다. 쉬이 만족할 줄 모르고, 쉬이 그만둘 줄을 모른다. 바로 앞이 천 길 낭떠러지라는 것을 뻔히 알고서도 멈추지 않는다. 기어코 떨어지고서야 때, 늦은 후회를 한다. 그래봤자 후회막급이지만 말이다. 물건은 저마다 주인이 있다. 임자 없는 물건은 없다. 일찌감치 이 이치를 깨닫는다면 마음은 절로 느긋해지고, 조바심하지 않을 것이다. 쓸데없는 욕심을 부리지 않을 것이며, 분수 밖 물건에는 아예 눈길조차 주지 않을 것이다. 자기 물건이 아니면 손도 대지 않을뿐더러 넘보지도 않으니 물욕은 하루하루 줄어들 것이고, 심전心田에는 하루하루 선한 마음씨가 자랄 것이다.

【   한자를 읽어보자   】

物물 ——— 牛우 + 勿물

牛우는 '소'다. 勿물은 '피 묻은 칼'이다. 나중에 '~하지 말다'라는 뜻을 가지게 되었다. 여기서는 발음 기호 역할도 한다.

物물은 '제사를 지내기 위해 소를 칼로 잡는 모습'을 표현했다. '제사에 쓰는 좋은 제물'이다. 나중에 구체적 또는 개별적 '물품(물건)'이라는 뜻을 가지게 되었다.

各각 ——————— 夊치 + 口구

夊치는 '발'이다. 口구는 '입'이 아니고 '사는 곳(집)'이다.

各각은 '집에 들어오는 발'을 표현했다. 이 발은 이 집을 자주 드나드는 주인의 발이 아니고 어쩌다 찾아오는 손님의 발이다. 各각은 본래 '손님'을 뜻하기 위해 만들었으나 나중에 이 글자가 '각각'이라는 뜻으로 더 많이 사용되자 본래 뜻을 위해서는 宀면을 덧붙여 客손님 객을 만들었다.

有유 ——————— 又(又)우 + 月(肉)육

又(又)우는 '손'이고, 月(肉)육은 '고기'다.

有유는 '손에 고깃덩어리를 가지고 있는 모습'이다.

'있다'다. 有유가 在재와 다른 점은 이 한자들이 사용된 한자어를 보면 쉽게 알 수 있다. 所有소유는 그냥 '있는 것'이 아니고 '가지고 있는 것'이고, 所在소재는 '가지고 있는 것'이 아니고 '있는 곳'이다. 有유는 '가지고 있다', 在재는 '~에 있다'다.

主주 ——— '촛불 또는 횃불' 모양

캄캄한 밤에 불을 피우면 불을 중심으로 사방이 밝아진다. 主주는 '중심'이었다가 '주인, 임자'란 뜻으로 확장된 것이다.

【 옛 글을 읽어보자 】

且夫天地之間, 物各有主,
차부천지지간　　　　물각유주

苟非我之所有, 雖一毫而莫取.
구비아지소유　　　　수일호이막취

또, 천지 사이에 물건은 각각 주인이 있다. 진실로

내 소유가 아니면 비록 털 하나라도 취하지 않는다.

―『전적벽부』소식

且夫_{차부}는 위 내용을 이어 한층 나아간다는 느낌을 표시하는 역할을 한다. '또' 정도로 푼다. 天地_{천지}는 '하늘과 땅'이다. 間_간은 '사이'다. 天地之間_{천지지간}은 '세상'이다. 物_물은 '물건', 各_각은 '각각', 有_유는 '있다', 主_주는 '주인'이다. 苟_구는 '진실로'다. 雖_수는 '비록'이다. 一毫_{일호}는 '터럭 하나'다. 莫_막은 '없다, ~않다', 取_취는 '취하다'다.

누가 뒤에서 욕을 하면 귀가 달아오르고 가슴이 떨린다.

욕먹을 만한 부끄러운 짓을 저질렀기 때문이다.

'부끄러워하다'를 뜻하는 恥치는

귀耳(이)와 마음心(심)을 결합하여 만들었다.

맹자는 "잘못하고도 부끄럼을 모르는 이는

사람이 아니다"라고 했다.

잘못을 부끄러워하고 떳떳이 시인하며

고치는데 힘써야 달아오른 귀耳와

떨리는 가슴心을 원래대로 되돌릴 수 있다.

잘못을
부끄러워하고
반성하게 하는
아침 한자

아침에 눈 뜨자마자
경계해야 할 네 가지 마음

絶四

끊을 절   녀 사

우리는 간혹 사실 관계를 제대로 알아보지도 않고 넘겨짚는 경우가 있다. 선입견으로 어떤 상황이나 사람을 근거도 없이 넘겨잡거나 어림짐작하고 억단해 버린다. 전후 사정을 헤아려 보지도 않을뿐더러 인과관계를 밝히려고도 하지 않은 채 말이다. 아무튼 제멋대로 억단하는 것은 좋지 않은 버릇이므로 마땅히 삼가야 할 것이다(무의毌意).

우리는 또 간혹 자기가 알고 있는 얕은 지식으로 그 것에 대해 잘 알지도 모르면서 '반드시 그러하다', '죽어도 확실하다'고 우기는 경우가 있다. 마치 우물 안 개구리가 우물 안 세상이 온 세상인 줄만 알고 뻐기는 것이나 진배없다. 여름 한때만 살다 가는 매미가 계절은 무더운 여름만 있다고 우기는 것이나 다름없다. 우리가 살아가는 세상은 우물 안보다 훨씬 넓고, 매미가 경험하는 것보다, 훨씬 많은 것들로 가득 차 있다. 그러므로 어설프게 아는 지식으로 섣불리 재단하려 해서는 안 된다. 알아갈수록 모르는 게 느는 법이다.

아예 아무것도 모를 때에는 외려 다 아는 것처럼 여기고 그렇게 행동하는 경향이 많다. 그러하기에 빈 수레가 요란한 법이고 알기는 칠월 귀뚜라미처럼 나선다. 아무튼 설익은 알음으로 틀림없다고 큰소리치는 버릇은 보기에 좋지 않을뿐더러 낯부끄러운 일이므로 가급적 안 하는 것이 바람직하다(무필毋必).

우리는 또 간혹 아무 일도 아닌 것에 억지를 세우는 경우가 있다. 대개는 알량한 자존심 때문에 부득부득

우기며 고집을 부린다. 고집쟁이는 인화를 해치고 사람을 멀어지게 만든다. 아무 때나 똥고집을 부리는 일은 그야말로 고약한 버릇이다(무고毋固).

우리는 또 간혹 자기만 옳다고 여기는 경우가 있다. 남 생각과 의견은 다 그르고 제 생각만 옳고, 제 의견만 옳다고 여기는 것이다. 이런 버릇도 건강한 인간관계를 좀먹는 짓이다. 나만 옳다고 하지 말고 다른 사람의 의견과 속종도 경청할 줄 아는 힘을 길러야 할 터이다(무아毋我).

아침에 눈 뜨면 담배 개비나 휴대폰을 만지작거리는 것 보다 조용히 눈을 감고 다음 네 가지 마음(절사絶四)을 음미해보면 어떨까. 억지소리 하지 않고, 똥고집 부리지 않고, 큰소리치지 않으며, 제 말만 우기지 않는 마음가짐 말이다.

絶절 ── 糸사 + 刀도 + 巴(巳)절

糸사＋色색처럼 보이지만 色색과 전혀 관련이 없다. 糸사는 실이다. 刀도는 칼이다. 巳절은 꿇어앉은 사람이다.

　絶절은 사람이 칼로 실을 끊는 것이다. '끊다, 막다'다.

四사 ──────── '넷'

본래는 가로획 넷을 그어 '넷'을 표시했는데 이게 三삼과 혼동이 많았다. 결국 발음이 비슷한 四사를 빌려와 사용했다

　四사는 본래 창문 모양이었다. 明명 안에 四사가 놓여 있다. 즉, 明명은 흔히 알려져 있는 '日일＋月월'이 아니다. 해와 달이 함께 나타나는 일이 간혹 있지만, 그렇다고 달빛이 햇빛에 '밝음'을 보탤 리 만무하다. 明명은 四사＋月월이다. 창으로 들어오는 달빛인 것이다

子絶四, 毋意, 毋必, 毋固,
　자절사　　　　무의　　　무필　　　무고

毋我.　　　　　　　　　　　　　— 『論語·子罕』
무아

선생님께서는 네 가지 마음이 전혀 없으셨다. 사사
로운 뜻이 없으셨고, 반드시 그렇다고 기필하는 마
음이 없으셨고, 고집하는 마음이 없으셨고, 나만을
위하는 마음이 없으셨다.　　　　　　— 논어·자한

子자는 남자의 미칭이다. '선생님' 정도가 된다. 중국 춘
추전국시대는 諸子百家제자백가라고 할 만큼 '子자'가 많
았다. 그중에 대표 '子자'는 바로 孔子공자다. 絶절은 '끊
다, 전혀 없다', 四사는 '넷, 네 가지'다. 毋무는 『사기史
記』에 無무로 되어있다. '없다'다.

　毋意무의는 남의 뜻을 제멋대로 생각하고 간주하는

마음이 없음이다. *母必*_{무필}은 자기 말이나 행동이 반드시 옳다고 주장하는 태도가 없음이다. *母固*_{무고}는 완고하게 고집을 부리는 마음이 없음이다. *母我*_{무아}는 자기를 최우선으로 생각하는 유아_{唯我}적인 태도가 없음이다.

같은 잘못을
되풀이하지 않는다

不二過

아닐 불 　 둘 이 　 지나칠 과

사람이면 누구나 실수하며 산다. 잘못 않고 살 수는 없
다. 살다 보면 뭔가를 잘못 볼 수도 있고 잘못 들을 수도
있고 잘못 먹어 배탈이 날 수도 있다. 또 뭔가를 옳지 못
하게 할 수도 있고 잘하지 못할 수도 있다. 그럴 때면 누
구나 두 번 다시는 그 같은 잘못을 저지르지 않겠노라,
속 다짐한다. 그러나 보통은 실수나 잘못이 한 번으로
끝나는 경우는 매우 드물다. 똑같은 실수나 잘못을 대
개는 서너 번 되풀이하게 된다. 그게 사람이다. 땅을 치

며 아쉬운 마음에 뉘우치기는 하나 뼈저리게 반성하는 과정을 밟지는 않기 때문이다.

　실수나 잘못을 하면 무엇보다 우선 자기가 그것을 인정해야 한다. 실수한 데 대해 너무 부끄러워하거나 그 부끄럼을 못 이기고 달아나서 숨을 쥐구멍을 찾아서는 안 된다. 이미 저지른 실수나 잘못은 엎지른 물이기에 어쩔 수 없다. 그런 실수나 잘못을 하고 난 뒤에 대처하는 마음가짐이 더 중요하다.

　냉철한 마음으로 속속들이 곱씹어 봐야 한다. 실수나 잘못을 하게 된 까닭, 그 과정, 그로 인해 생긴 결과 등을 냉정한 마음으로 하나하나 짚어 봐야 한다. 그래야 같은 잘못을 되풀이하지 않는다.

【　　한자를 읽어보자　　】

過 과 ──── 咼 괘 + 辶 (辵) 착

辶(辵)착은 '쉬엄쉬엄갈 착'이다. 사거리의 한쪽을 나타내는 彳척과 발 모양을 본뜬 止지가 결합된 모양이다. 흔히 '책받침'이라고 하는 것이다. 음이 '착'이고 부수로 쓰일 때 받침 위치에 오므로 '착 받침'이라 해야 옳지만 마침 글자 모양이 책받침과 비슷하다 보니 그렇게 부르게 된 모양이다. 기본 뜻은 '길을 가다'다. 辶착이 있으면 대개 '가는 행위'와 관련한 뜻을 가진다. 進나아갈 진, 送보낼 송, 返돌아올 반 등이 그렇다.

咼괘는 '비뚤어질 괘'다. 뭔가 '잘못된 것'이다.

過과는 가긴 가는데 잘못 가는 것이다. '지나가다, 지나치다'가 기본 뜻이고 여기에서 '잘못, 허물'이란 뜻도 생겨났다.

【　　옛 글을 읽어보자　　】

過而不改, 又之, 是謂之過.
과이불개　　우지　　시위지과

—『穀梁傳』

잘못이 있으나 고치지 않고 이를 또 한다면, 이것을
일러 허물이라 한다.　　　　　　　　　　　―『곡량전』

過과는 '지나감, 지나침, 잘못, 허물'이다. 改개는 '고치
다'다. 不改불개는 '고치지 않음'이다. 又우는 '또'다. 又之
우지는 '그것을 또 함'이다. 是시는 '이, 이것', 謂위는 '~라
고 이르다'다.

是謂之過시위지과는 '이것을 일러 허물이라 한다'다.

인간은 생각할 줄 아는 동물이다. 파스칼은 이렇게
말했다.

"인간은 자연 속에서 가장 약한 하나의 갈대에 불과
하다. 그러나 그것은 생각하는 갈대다." 생각은 참으로
위대하며 인간을 인간답게 하는 행위다. 뉘우치는 것도
좋지만 냉철한 머리로 생각하라! 그리하면 실수를 거듭
하는 일은 줄어들 것이다.

세상에 맞서 당당하고 싶은가?
먼저 자기 자신에게 당당하라

堂堂

집당   집당

堂堂당당은 '떳떳하다, 씩씩하다'다. 허우대가 좋아도 당당하고, 기개가 있어도 당당하다. 사람은 흔히들 당당한 허우대에 먼저 눈이 가기 마련이다. 겉만 번지르르한 빛 좋은 개살구에, 허울 좋은 하눌타리에 먼저 혹한다. 그러나 사람이면 다들 안다. 몇 번 겪어보면 겉으로 보기에만 번지르르하고 훌륭한지, 속까지 꽉 차고 단단한지 다 알 수 있다. 빛 좋은 개살구는 한두 번 먹다 보면 금방 식상해진다. 그러하기에 겉꾸미는 데만 그리

열 낼 일은 아닌 듯하다. 실속을 착실히 챙기고 마음결을 아름답게 가꾸는 것도 힘써야 할 것이다.

당당하게 행동하고, 당당하게 말하고, 당당하게 남을 대하고, 당당하게 살아가려면 어찌해야 할까. 첫째, 양심에 찔리거나 켕기는 일은 하지 말아야 한다. 부끄러움은 사람을 작아지게 만들기 때문이다. 둘째, 정당하지 않은 일이나 떳떳하지 못한 일은 하지 말아야 한다. 남 앞에서 괜히 죄어들고 주눅 들기 때문이다. 셋째, 자기 자신을 속이는 짓은 하지 말아야 한다. 남부끄러운 짓도 손발을 오그라들게 하는데 낯부끄러운 짓을 하면 오죽하겠는가. 자기기만은 결국 자기가 자기를 좀먹는 짓일 뿐이다.

【　한자를 읽어보자　】

堂 당 ———— 尚 상 + 土 토

113

尙_상은 위쪽에 창문을 낸 집으로, '높다'를 뜻한다. 여기서는 발음 기호 역할도 한다.

土_토는 '흙, 땅'이다. 집을 짓기 위해 다진 땅-터다.

堂_당은 '높이 지은 집'이다. 높직한 터 위에 우람하게 지은 집은 겉보기에 당당하고 번듯하다. 堂_당이 들어간 건축물은 위용이 당당하다. 국회의사당, 예술의 전당이 대표적이다.

【 　옛 글을 읽어보자　 】

自反而不縮, 雖褐寬博,
자반이불축　　　수갈관박

吾不惴焉. 自反而縮,
오불췌언　　　자반이축

雖千萬人, 吾往矣. —『孟子·公孫丑 上』
수천만인　　　오왕의

스스로 반성하여 떳떳하지 않다면, 비록 빈천한 사

114

람이더라도 나는 그를 두렵게 하지 못한다. 스스로

반성하여 떳떳하다면, 비록 천만 인에게라도 나는

나아갈 것이다.   —『맹자·공손추 상』

自자는 '스스로', 反반은 '돌이켜보다, 반성하다'다. 自反

자반은 '스스로 돌이켜 보다'다. 縮축은 '줄다, 떳떳하다'

다. 不縮불축은 '떳떳하지 않다'다. 雖수는 '비록', 褐갈은

'갈옷', 寬관은 '넓다', 博박도 '넓다'다. 寬博관박은 '헐렁

하다'다. 褐寬博갈관박은 '헐렁한 갈옷을 입은 사람, 빈천

한 사람'이다. 吾오는 '나', 惴췌는 '두렵게 하다'다. 千萬

人천만인은 '많은 사람들'이다. 往왕은 '가다'다.

수치를 모르면
의로울 수 없다

自反

스스로 자 돌이킬 반

사람이면 羞惡之心수오지심이 있다. 수오지심이 없다면
사람이 아니다. 羞수는 자신의 바르지 못한 행동, 잘못
된 행동을 부끄러워하는 것이고, 惡오는 남의 잘못된 행
동, 나쁜 짓을 미워하는 것이다. 수오지심은 義의가 우
러나오는 마음바탕이다. 義의는 무엇인가! 옳고 바름이
다. 떳떳하고 어엿함이다. 의로운 일을 하며 의롭게 살
다가 의롭게 죽어야 한다. 그래야 의로운 사람이다.

　의로운 사람이란 부끄럼 없는 삶을 산 사람이다. 사

람이면 누구나 수치심을 가지고 있다. 수치심이란 떳떳하지 못하여 느끼는 부끄러움이다. 나쁜 짓을 하거나 도덕적으로 그른 행위를 했을 때 우리는 부끄러움을 느낀다. 시인 윤동주는 부끄럼 없는 삶을 살고자 잎새에 이는 바람에도 괴로워했다지 않은가. 그 정도는 아닐지라도 사람이면 부끄러움을 알아야 하고 느껴야 하고 가져야 한다.

【　　한자를 읽어보자　　】

反_반 ——————— 厂_한 + 又_우

厂한은 '언덕, 기슭'이고, 又우는 '손'이다.
　反반은 본래 '오르다'라는 뜻이었지만 나중에 '반성하다, 돌이키다, 돌아보다'라는 뜻으로 사용되었다.

自_자 ——————— 본래 사람 '코'

옛 사람들이 자기 자신을 지칭할 때 자기 코를 가리켰던 습성을 따라 自_자가 '자기, 스스로'라는 뜻으로 더 많이 사용되자 본래 뜻을 위해서는 畀_{줄 비}를 덧붙여 鼻_{코 비}를 만들었다.

自_자는 목적어일 때 동사 앞으로 자리를 옮긴다. '자신을 돌아보다'는 反自_{반자}가 아닌 自反_{자반}이다

【　　옛 글을 읽어보자　　】

妾聞志士不飮盜泉之水,
　　첩문 지사　　불음도천지수

廉者不受嗟來之食, 況拾遺求利,
　　염자　　불수차래지식　　　　항습유구리

以污其行乎 — 『後漢書·列女傳·樂羊子妻』
　　이오기행호

첩이 듣기에 뜻 있는 선비는 '도천'의 물을 마시지 않았고, 청렴한 사람은 '야! 하고 부르며 주는 음식'

118

은 받지 않았다고 합니다. 하물며 남이 잃은 것을 주워 이로움을 구하여 행실을 더럽히다니요!

—『후한서·열녀전·악양자처』

妾첩은 '첩'이다. 여자가 자기를 낮추어 부를 때 쓴다. 聞문은 '듣다'다. 志士지사는 '뜻 있는 선비'다. 飲음은 '마시다', 盜도는 '훔치다', 泉천은 '샘'이다. 盜泉도천은 공자가 그 이름에 盜자가 들어 있다고 하여 마시지 않았다는 고사가 있는 샘이다. 廉염은 '청렴하다, 검소하다'다. 受수는 '받다'다.

嗟차는 '야, 자'처럼 부를 때 쓰는 감탄사, 來래는 '오다', 食식은 '음식'이다. 嗟來之食차래지식*은 "야, 이리와"하고 낮추어 부르며 주는 '음식'이다. 況황은 '하물며'다. 拾습은 '줍다', 遺유는 '잃다', 求구는 '구하다', 利리

---

* 차래지식: 춘추시대 제나라에 심한 기근이 들어 부자인 '검오'라는 자가 길에서 음식을 차려놓고 주린 자들에게 먹게 하였다. 지나가는 사람에게 "야, 이리 와서 먹어라"하고 불렀더니 그 사람은 "내가 지금까지 이렇게 주는 음식을 먹지 않아서 이 지경에 이르렀소"하며 받지 않고 돌아가다가 굶어 죽었다는 고사가 『예기·단궁편』에 보인다.

는 '이로움'이다. 以이는 '~로써', 汚오는 '더럽히다', 其기
는 '그', 行행은 '행실'이다. '악양자'라는 사람이 길을 가
다가 금 한 덩이를 주워 그 처에게 주었더니 처가 한 말
이다. 악양자는 부끄러워하며 금을 길에 버리고 스승을
찾아 배우러 떠났다고 한다.

自作孽

스스로 자 지을 작   재앙 얼

우리는 평소 행실이 옳지 못한 아무개가 낭패를 볼 때면 으레 '자업자득'이라며 고소해한다. 자작얼自作孽이란 자기가 짓는 대로 (벌을) 받는다는 말이겠다.

　사람살이를 언뜻 설 보면 나쁜 짓 하고, 못된 짓 하는 사람이 더 오래 살고 떵떵거리며 사는 것처럼 보인다. 옛사람들도 일찍이 이런 세상일에 몹시 언짢아했다. 심지어 아무개는 하늘에 대고 천하에 돼먹지 못한 사람을 왜 얼른 데려가지 않고 뭐하느냐며 따지듯 물었다.

그러나 세상살이 돌아가는 이치를 찬찬히 살펴보면 꼭 그렇지만은 않다. 그릇에 물을 넘칠 듯이 가득 부었다고 해서 바로 넘치는 것은 아니다. 아무개가 아무리 나쁜 짓을 많이 했다고 해서 곧바로 자기가 저지른 나쁜 짓으로 말미암아 불행이나 재앙을 당하지는 않는다.

하지만 사람은 근본적으로 욕망하는 인간이다. 그릇의 한량限量까지 물을 가득 채웠다고 해서 딱 그만두지 않는다. 기어코 몇 방울 더 부어서 넘치는 걸 봐야 비로소 붓기를 멈추는 경우가 많다. 나쁜 짓도 한두 번 하다가 손을 씻지는 않는다.

욕망하는 대로 나쁜 짓을 하다 보면 결국 사회가 감내할 수 있는 한계를 넘게 된다. 그러다 보면 손가락질하는 사람이 한 명 두 명 늘게 되고, 끝내는 수많은 사람의 날카로운 손가락질에 난도질당하게 마련이다.

【　　한자를 읽어보자　　】

自 자 ——— 사람 코를 본떠 만들었다

옛 사람들은 자기 자신을 일컬을 때 자기 코를 가리켰다. 시간이 지나면서 自자가 '자기, 스스로'라는 새 뜻으로 더 많이사용되자 본래 뜻인 코를 나타낼 새로운 글자가 필요하게 되었고, 결국 自자에 畀줄 비를 덧붙여 鼻코 비를 만들어 쓰기 시작했다.

作작 ——————— 亻인 + 乍사

亻인은 사람이다. 행위의 주체다. 乍사는 웃옷이다. 저고리를 생각하면 좋다.

作작은 사람이 옷을 만드는 모습이다. '하다, 짓다, 저지르다'는 뜻을 위해 만든 것이다.

孼얼 —— 屮철 + 㠯이 + 辛신 + 子자

屮철은 풀이다. 艹초로도 쓴다. 풀숲을 상상하면 좋다. 㠯이는 여자 몸속에 막 생긴 아이다. 辛신은 문신용 칼이다. 노예 얼굴에 문신을 새기는 도구다. 다른 글자와 결합하면 주로 立립으로 바뀌기도 한다. 이 글자가 들어

있으면 주로 노예라는 뜻과 관련을 가지게 된다. 子_자는
여기서는 아기다.

孼_얼은 풀숲에서 여자 노예를 욕보여 얻은 자식이다.
'서자(서얼), 나쁜 짓, 허물, 재앙, 재난'이란 뜻을 충분
히 연결하여 생각할 수 있겠다.

【　　옛 글을 읽어보자　　】

背人倫而禽獸行, 十年而滅.
　배　　　인륜이금수행　　　　십년이멸

—『管子·八觀』

───────────────────────

인륜을 등지고 짐승처럼 행동하면 10년이면 멸망한다.

—『관자·팔관』

背_배는 '등지다'다. 倫_륜은 '도리'다. 人倫_{인륜}은 '사람으
로서 마땅히 해야 할 도리'다. 禽_금은 '날짐승'이고, 獸_수
는 '길짐승'이다. 禽獸_{금수}는 '짐승'이다. 滅_멸은 '멸망하

다'다.

  남이 까닭 없이 주는 선물은 안 받으면 그만이지만, 내가 주는 선물을 상대방이 받지 않으면 도로 되가져와 야 한다. 하늘 보고 침 뱉어 봐야 자기 얼굴만 더럽혀질 뿐이다.

  자기가 지은 죄는 언젠가 받기 마련이다. 내가 받지 않으면 내 자손이 받고, 내 자손이 받지 않으면 그 다음 자손이 받기 마련이다. 이게 바로 세상 돌아가는 이치 다.

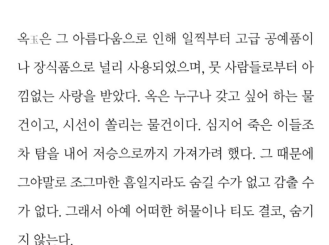

허물은 감추는 게 아니라
드러내 고치는 것이다

玉不隱瑕

구슬 옥   아닐 불   숨길 은   티 하

옥玉은 그 아름다움으로 인해 일찍부터 고급 공예품이
나 장식품으로 널리 사용되었으며, 뭇 사람들로부터 아
낌없는 사랑을 받았다. 옥은 누구나 갖고 싶어 하는 물
건이고, 시선이 쏠리는 물건이다. 심지어 죽은 이들조
차 탐을 내어 저승으로까지 가져가려 했다. 그 때문에
그야말로 조그마한 흠일지라도 숨길 수가 없고 감출 수
가 없다. 그래서 아예 어떠한 허물이나 티도 결코, 숨기
지 않는다.

瑕하는 본래 '붉은빛을 띠는 옥'이었다. 옥은 대체로 뽀유스름한 젖빛을 띤다. 그런데 瑕하는 붉은빛을 간직하고 있다. 시선을 단번에 빼앗는 붉은 빛을 지니고 있어, 그 아름다움을 숨기려야 숨길 수가 없다. 붉은 옥빛은 옥빛치고는 튀어도 너무 튄다. 지나치거나 과하면 오히려 화를 부르고 역효과를 낳는다. 그 때문인지 瑕하는 나중에 '흠, 티, 결점' 등의 뜻으로 발전했다. 예컨대 하자瑕疵 등이다.

옥같이 부드럽고 온유하고 맑은 사람은 옥을 닮아 결코 결점이나 잘못을 숨기거나 감추지 않는다. 옥같이 고결하고 따뜻한 사람은 굳이 자신의 단점이나 흉을 숨기려고 하지 않는다. 단점이나 흉조차도 본래의 아름다움을 어찌하지 못하기 때문이다. 그 때문에 구태여 단점 아닌 단점과 결점 아닌 결점을 감추려 하지 않는다. 눈에 띄는 것은 숨기려 할수록 더욱 도드라져 보이는 법이다. 흠을 숨기고 감추기에만 급급하다 보면 정작 자신의 아름다움을 기르고 가꾸는 데 소홀할 수 있을뿐더러 드러내어 알릴 기회조차 누리지 못할 수도 있다.

큰사람은 자신의 잘못이나 허물을 숨기지 않는다. 그렇다고 뻔뻔한 사람이 되라는 말은 결코 아니다. 뭇 시선이 선망의 눈길로 바라보는 큰사람이기에 허물을 숨길 수가 없어서 못 숨기는 것이고, 숨길 수 없기에 안 감추는 것이다. 욕먹을 짓을 애당초 안 하는 것이 가장 좋지만 욕먹을 짓을 했으면 욕을 먹어야 한다. 욕먹을 짓을 하고도 욕을 아니 먹겠다는 심통은 한 마디로 소인배나 하는 짓이다. 큰사람은 자신의 허물을 숨기지 않을뿐더러 허물 고치는 데도 용감하다

【　한자를 읽어보자　】

玉옥 ────── 옥 여러 개를 실로 꿴 것

이 글자가 王임금 왕과 비슷하여 혼동이 되자 점을 하나 찍어 구분했다.

隱은 ────── 阝(阜)부 + 㥯은

阝(阜)부는 '언덕'이다. 㥯은은 爫조+工공+彐계+心심이다. 爫조와 彐계는 둘 다 '손'이고, 工공은 그 안에 감춘 물건이다. 心심은 그런 행동을 하는 사람의 '마음'이다. '숨기다'다.

隱은은 '언덕 아래 숨어 자기를 가리다'다.

瑕하 ——————— 王(玉)옥 + 叚가

玉옥은 다른 글자 왼쪽에 쓰이면 王으로 모양이 바뀐다. 叚가는 '빌릴 가'다. 여기서는 발음 기호 역할을 한다. 叚가가 쓰인 글자는 '가, 하'로 발음된다. 假거짓 가, 暇겨를 가, 嫁고울 가, 霞놀 하, 遐멀 하, 鰕새우 하 등이 그렇다.

瑕하는 '옥의 티, 흠, 잘못'이다.

臣聞玉不隱瑕, 臣不隱情.
신문　옥불은하　　　신불은정

伏知, 所進, 非和氏之璞,
복지　　소진　　비화씨지박

萬國之幣, 璧爲充貢.　　—『獻璧表』
만국지폐　　벽위충공

신이 듣건대 옥은 티를 숨기지 않는다 하니 신도 속

뜻을 숨기지 않겠습니다. 엎드려 생각하건대 지금

올린 것은 화씨의 옥돌은 아니지만, 천하의 진상품

과 아름다운 옥돌로 공물로써 손색이 없습니다.

—『헌벽표』

臣신은 '신하'다. 신하가 자신을 가리킬 때 이 글자를 쓴

다. 聞문은 '듣다'다. 玉옥은 '옥', 隱은은 '감추다', 瑕하는

'티, 흠'이다. 情정은 '마음, 속뜻, 감정'이다. 伏복은 '엎드

리다'다. 자신을 낮추는 표현이다. 知지는 '알다, 생각하

다'다. 進진은 '진상하다, 올리다'다. 非비는 '아니다'다. 和氏화씨는 '화'라는 성을 가진 사람이다. 璞박은 '옥돌, 아직 다듬지 않은 옥돌'이다. 和氏之璞화씨지박은 천하에 귀한 옥돌을 가리킨다.

萬國만국은 '천하, 온 나라'다. 幣폐는 '폐백, 예물'이다. 璧벽은 '옥, 잘 다듬은 옥'이다. 爲위는 '하다, 되다', 充충은 '채우다', 貢공은 '공물, 헌상품'이다.

함부로 내뱉은 말은 도끼요 칼이다

禍從口出

재화 화 좇을 종   입 구   날 출

말은 입을 통해 나오고, 한 번 내뱉은 말은 다시는 주어
담을 수 없다. 하지만 말은 해야 맛이고 고기는 씹어야
맛이다. 할 말은 해야 한다. 모든 게 그렇지만 말도 하다
보면 는다. 이 말이 저 말꼬리를 물고 늘어지고 저 말은
그 말꼬투리를 후려잡는다. 그러다 보면 욱하는 감정에
할 말 안 할 말 닥치는 대로 마구 내뱉는다. 가루는 칠수
록 고와지고 말은 할수록 거칠어진다.

요즘 말로써 말을 때려잡고, 심지어 말로써 생때같은 사람 목숨을 잡는 경우가 잦다. 말은 참으로 인간에게 이로운 도구지만 자칫하면 무서운 흉기로 돌변한다. 말시비 끝에 칼부림 나고, 말다툼 끝에 주먹다짐하는 경우를 심심찮게 볼 수 있다. 말이 말을 부르는 속성 때문이다. 말은 꼬리에 꼬리를 물고 늘어지고, 말꼬리는 또 말머리를 집어삼키려고 시커먼 아가리를 쩍 벌리며 덤벼든다. 말과 말이 뒤섞이고 감정과 감정이 얽히다 보면 거친 말들이 오가고, 끝내는 말 때문에 사단이 터진다. 결국 화가 입에서 비롯되는 것이다(화종구출禍從口出).

【　　한자를 읽어보자　　】

禍화 ——————— 示시 + 咼괘

示시는 신에게 제사를 지내기 위해 만든 '제단'이다. 신의 뜻을 '보이다, 나타내다'다. 示시가 쓰인 글자는 대부분 신, 제사, 길흉화복 등과 관련한 뜻을 가진다.

咼괘는 '비뚤어질 괘'다. 뭔가 '잘못된 것'이다.

禍화는 신이 뭔가 잘못될 일을 보여준 것이다. '화, 재앙, 불행'이다.

從종 ─── 彳척 + 从종 + 止(止)지

从종은 한 사람이 앞서고 다른 사람이 그 뒤를 좇아가는 모습이다. '좇다, 따르다'다. 彳척은 '가다', 止지는 '발'이다. 본래는 从종으로 썼는데 나중에 彳척과 止지를 덧붙여 지금 모양이 되었다. '좇다, 따르다'다. '~부터'라는 뜻도 가지게 되었다

【 옛 글을 읽어보자 】

多聞闕疑, 愼言其餘, 則寡尤.
다문궐의　　　신언기여　　　즉과우

─『論語·爲政』

많이 듣고 의심스러운 것을 빼놓고, 그 나머지를 신
중하게 말하면 허물이 적을 것이다. ─『논어·위정』

多_다는 '많다', 聞_문은 '듣다', 闕_궐은 '빼놓다', 疑_의는 '의
심'이다. 愼_신은 '삼가다, 신중하다', 言_언은 '말하다', 其
_기는 '그것', 餘_여는 '나머지'다. 則_즉은 앞의 말을 받아
'그러면, 곧' 등으로 푼다. 寡_과는 '적다', 尤_우는 '허물'
이다.

남이 하는 비난에 스스로를 돌아보고 부끄럽지 않
면 그 비난은 결코 나를 어찌하지 못한다. 그러므로 경
우에 따라서는 말을 삼키는 것도 큰 용기다. 한 순간의
감정을 억누르지 못하고 입을 함부로 놀리다 보면 적게
는 이름과 몸을 더럽히고 크게는 목숨을 잃기도 한다.
말 삼가기를 원수 피하듯이 해야 할 까닭이다.

공정함이야말로
가장 중요한 처세 '법'이다

法

법 법

범죄는 법으로 제재한다. 법에 따라 공정하고도 정확하게 해야 한다. 법 집행은 수면처럼 평평해야 하기에 '法법'이라는 글자에는 물을 뜻하는 氵(水)수가 들어 있다. 한쪽으로 치우치거나 사사롭지 않고 공평하게 하라는 뜻일 테다.

　오늘날 우리 사회는 엄연한 민주국가이므로 온 국민은 법 앞에 평등하다. 죄를 지으면 너나없이 벌을 받아야 한다. 옛적에는 사람이 법을 어기고 죄를 지으면, 지은 죄의 무게에 따라 몸 한 곳을 잘라서 없애버렸다. 가볍게는 수염이나 머리털을 깎아 없앴고, 크게는 목을 치거나 무릎 뼈를 발라냈다. 그러했기에 法법에는 '없애다(제거하다)'를 뜻하는 去거를 두었다는 설명도 있다. 法법은 평평한 수면과 같이 공평무사하게 집행함으로써 범죄자를 처벌해야 함을 소리쳐 일깨운다. 법의 생명은 예나 지금이나 공평무사함이다.

대법원 건물 안과 사법연수원 뜰에는 눈을 가린 채 천평칭을 한 손으로 들고 서 있는 여신상이 있다. 천평칭이란 가로장 양 끝에 있는 똑같은 저울판 위에, 한쪽은 달 물건을 올려놓고 한쪽은 추를 올려놓아서 평평하게 하여 물건의 무게를 다는 저울이다. 눈을 가린 뜻은 아마도 사적인 감정에 흐르지 않겠다는 의지의 표현일 터이다. 겉눈이 아닌 마음눈으로 헤아리겠다는 뜻이다. 천평칭을 들고 있는 뜻은 아마도 한쪽으로 치우치지 않는 공정한 법 집행을 하겠다는 다짐일 터이다.

공정함은 사법 체계뿐 아니라 인간관계에서도 다르지 않다. 부모와 자식 간에도, 형제간에도, 친구 간에도,

회사 내 동료 간에도 한쪽에 치우침 없이 공정하게 대
하는 자세야 말로 가장 중요한 처세'법'이다.

【　　한자를 읽어보자　　】

法 법 ——————— 氵수 + 去 거

氵수는 '물', 去거는 '가다, 제거하다'다. 옛 글자에는 廌치
가 붙어 있었다. 廌치는 '해치, 해태'다. 선악을 구별한다
는 전설의 동물이다. 전설의 동물인 해태가 선악을 구
분하여 죄지은 사람을 뿔로 받아 물에 빠뜨렸다는 이야
기가 전해진다. 나중에 廌치가 생략되어 지금 모양이 되
었다.

法者, 所以齊天下之動,
법자　　　소이제천하지동

至公大定之制也.　　　—『愼子』
지공대정지제야

법이란, 천하의 움직임을 가지런히 하는, 지극히 공

정하고 크게 정한 제도다.　　　—『신자』

法법은 말 그대로 '법'이다. 者자는 앞의 것을 받아 강조
하는 역할을 한다. 所以소이는 앞의 것을 받아 '그것으로
써'로 새긴다. 齊제는 '가지런히 하다'다. 天下천하는 '천
하, 온 나라'다. 動동은 '움직임'이다. 至지는 '지극하다',
公공은 '공정하다', 大대는 '크다', 定정은 '정하다', 制제는
'제도'다.

잘못을 숨기기 위한 핑계는
하면 할수록 는다

飾非文過

꾸밀 식   아닐 비   글월 문   지날 과

사람이면 잘못이나 실수를 저질렀을 때 으레 자기도 모르게 방어기제가 작동한다. 잘못이나 실수에 대해 가지가지 핑계를 대고 이유를 붙인다. 잘못이나 실수에 대한 책임을 면하거나 줄여 보려고 갖가지 구실을 찾고 구구한 변명을 늘어놓는다. 개중에는 잘못이나 실수에 대해 눈곱만큼의 가책도 안 느낀 채 능글능글한 얼굴로 대충 얼버무리는 이도 있다.

티끌도 여럿이 모이면 태산을 이루고, 바늘 도둑도 자꾸 하다 보면 소도둑 된다. 아무리 작은 잘못이나 실수라도 그냥 대충 넘어가다 보면 나중에는 면역이 되어 그게 잘못이고 나쁜 짓인지도 모르게 된다. 그러다 보니 했던 실수 또 하게 되고, 했던 변명 또 하게 된다. 사소한 실수나 잘못이 커지고 커져서 못된 짓이나 나쁜 짓을 저지르게 되고, 시시한 변명이나 핑계가 늘고 늘어서 거짓말과 속임수를 쓰게 된다. 면역이 된 뒤에는 어지간한 것에는 마음에 찔리지도 않는다. 자기가 저지른 행동에 책임지려 하지 않고, 자기가 벌인 일에 변명과 핑계로 일관하게 된다. 아무리 못된 짓이나 나쁜 짓을 저질러도 스스로 합리화하는 데 이력이 나서 아예 대놓고 하게 된다. 그러고도 그게 못된 짓인 줄 모르고 나쁜 짓인 줄 모른다. 그래서 그런 사람에게 잘못을 지적하거나 고치도록 타이르는 일은 무척 어렵고 힘들다. 자기 합리화에 도통한 사람인지라 제아무리 바른말로 타이르고 좋은 말로 달래도 당치 않은 변명이나 이유를 뻔뻔스레 둘러댄다.

된 사람은 결코 자기 잘못에 대해 구차하게 변명하지 않고, 이 핑계 저 핑계 대며 모면하거나 책임지지 않으려 기를 쓰지 않는다. 스스로를 호되게 꾸짖고 나무라며, 다시는 그런 일이 되풀이하지 않게 단단히 당조짐한다. 아울러 관련된 사람들에게도 솔직하게 잘못을 시인하고 책임지는 행동을 보인다. 그냥 은근슬쩍 넘어가면 당장은 좋겠지만 그게 결코 좋은 게 아니다. 덜된 사람만이 핑계를 일삼고 이유를 갖다 붙이길 좋아한다. 변명을 하고 숨기고 속이고 하여 당장을 모면했다고 속으로 쾌재를 부르며 좋아하는 이들이야말로 바로 덜된 사람들이다. 그러하다 보면 마음 밭은 시나브로 거칠어지고 못된 잡풀만 우거질 터이다.

【　한자를 읽어보자　】

飾식 — 食식 + 亻(人)인 + 巾건

食식은 '밥그릇', 亻인은 '사람', 巾건은 '수건, 수세미'다.

142

飾식은 설거지하여 먹은 흔적을 깨끗이 부시는 것을 표현했다. '꾸미다, 숨기다, 속이다'는 뜻으로 사용된다.

非비 ── 서로 반대로 펼친 새 날개 모양

'나란하다, 위배되다'란 뜻으로 사용되다가 나중에 '아니다'라는 부정의 뜻을 갖게 되었고, '잘못'을 뜻하기도 한다.

文문 ── 가슴에 문신한 사람 모양

'무늬, 꾸미다'란 뜻이었는데 나중에 이 글자가 '글자, 글'이란 뜻으로 더 많이 사용되자 본래 뜻을 위해서 糸사를 덧붙여 紋무늬 문을 만들었다. 실로 수놓은 무늬를 상상해보면 좋겠다.

過과 ──── 咼괘 + 辶(辵)착

辶(辵)착은 '쉬엄쉬엄갈 착'이다. 사거리의 한쪽을 나타내는 彳척과 발 모양을 본뜬 止지가 결합된 모양이다. 기본 뜻은 '길을 가다'다. 辶착이 있으면 대개 '가는 행위'와 관련한 뜻을 가진다. 進나아갈 진, 送보낼 송, 返돌아올 반 등이 그렇다. 咼괘는 '비뚤어질 괘'다. 뭔가 '잘못 된 것'이다.

過과는 가긴 가는데 잘못 가는 것이다. '지나가다, 지나치다'가 기본 뜻이고 '잘못, 허물'이란 뜻도 가진다.

飾非文過식비문과는 '잘못非을 꾸미고飾, 잘못過을 꾸미다文'다. 같은 말을 반복해서 말하려는 걸 강조할 때 이런 수법을 쓴다. '잘못을 뉘우치기는커녕 오히려 더 나대는 것'이라는 뜻이다.

子夏曰, 小人之過也必文.
자하왈　　　소인지과야　　필문

— 『論語·子張』

────────────────

자하가 말했다. 소인은 잘못을 저지르면 반드시 꾸
미려 한다.
　　　　　　　　　　　　　　　　　—『논어·자장』

子夏자하는 공자의 뛰어난 열 제자 중 한 사람이다. 문학
文學에 뛰어났다고 알려졌다. 曰왈은 '말하다'다. 小人소
인은 군자와 반대인 사람이다. 之지는 小人소인과 過과가
'주어+술어' 형태로 된 독립된 문장이 아니라 더 큰 문
장 속에서 하나의 성분으로 역할을 한다는 것을 표시하
기 위해 사용한 것이다. 이해가 어려우면 그냥 넘어가
도 아무 문제없다. 過과는 '허물, 잘못'이다. 也야도 어렵
게 설명할 수는 있지만 여기서는 그냥 '~면' 정도로 풀
어도 좋다. 必필은 '반드시'다. 文문은 '꾸미다'다.

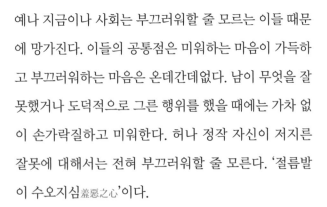

부끄러워할 줄 아는 데도
용기가 필요하다

知恥

알 지   부끄러워할 치

예나 지금이나 사회는 부끄러워할 줄 모르는 이들 때문
에 망가진다. 이들의 공통점은 미워하는 마음이 가득하
고 부끄러워하는 마음은 온데간데없다. 남이 무엇을 잘
못했거나 도덕적으로 그른 행위를 했을 때에는 가차 없
이 손가락질하고 미워한다. 허나 정작 자신이 저지른
잘못에 대해서는 전혀 부끄러워할 줄 모른다. '절름발
이 수오지심羞惡之心'이다.

　용기 있는 사람만이 제 잘못을 부끄러워할 줄 알고

고치기를 힘쓴다. 바야흐로 부끄러워 할 줄 아는 마음
이 당연한 덕목이 아니라 부끄러움을 인정하는 데도 용
기가 필요한 시절이다.

恥치 ——————— 耳이 + 心심

耳이는 '귀'다. 부끄러움을 느끼면 귀가 화끈 달아오르
고 빨개진다. 心심은 '마음'이다. 결국 부끄러워하는 것
은 마음의 작용이다.

　恥치는 귀와 관련하여 생긴 마음이다. 남이 뒤에서
자기를 욕하면 귀가 달아오르고 눈꺼풀이 떨린다. 누가
나를 뒤에서 욕함은 내가 부끄러운 짓을 저질렀기 때문
이다. 그러므로 恥치는 '부끄럽다, 부끄러워하다'가 된
다. 귀耳와 마음心을 결합하여 만들었다.

無羞惡之心, 非人也.　　—『孟子』
무　수오지심　　비인야

부끄러워하고 미워하는 마음이 없으면, 사람이 아
니다.　　　　　　　　　　　　　　　　　—『맹자』

無무는 '없다'다. 羞수는 '자신이 한 잘못을 부끄러워하
는 것'이고 惡오는 '남이 행한 나쁜 짓을 미워하는 것'
이다. 心심은 '마음'이다. 羞惡知心수오지심은 '자기의 옳
지 못함을 부끄러워하고, 남의 옳지 못함을 미워하는
마음'이다. 非비는 '아니다'다. 人인은 '사람'이다. 也야는
'단정'하는 어감을 준다. 非人也비인야는 '사람이 아니다'
라고 단정하듯 말하는 것이다.

　나쁜 짓이나 못된 짓을 부끄러워하고 미워함은 인지
상정이다. 못된 짓을 한 사람을 보고도 미워하지 않는
다면 그건 사람이 아니다. 자기가 나쁜 짓을 하고도 부

끄러워할 줄 모른다면 그 또한 사람이 아니다. 그러나 남의 잘못을 미워하는 마음은 잠시 놓아두고 자기 잘못을 부끄러워하는 마음에 주목해 보자.

길을 걸으며 담뱃재와 담배 연기를 바람에 날리는 짓을 부끄러워하고, 자동차로 사람 길을 가로막는 짓을 부끄러워하고, 길바닥에 침 뱉는 짓을 부끄러워하고, 출입문 한가운데에 버젓이 서 있는 짓을 부끄러워하고, 지하철에서 다리를 옆으로 쫙 벌리고 앉아 있는 짓을 부끄러워하자.

이처럼 시시하고 보잘것없는 부끄러운 짓부터 스스로 부끄러워하자. 거창하게 생각할 필요가 없다. 하찮은 것부터 부끄러워하고 스스로 당조짐해야 한다. 그래야 후안무치(厚顔無恥: 얼굴이 두껍고 부끄러움이 없다라는 뜻으로, 뻔뻔스러워 부끄러워할 줄 모름)하고 파렴치한 짓들이 안 일어날 것이다.

오죽했으면 『시경詩經』에서 이렇게 노래했겠는가?

"생쥐에게도 이가 있고 가죽이 있고, 있을 것 다 있는데 사람이면서 왜 버르장머리가 없는가. 사람이면서 본

데가 없는데 죽지 않고 무엇 하는가. 사람이면서 버릇이 없는데 어찌 빨리 죽지 않는가."

예나 지금이나 무례하고 볼강스런 짓을 하는 사람이 많았나 보다. 이것은 부끄러워할 줄 모르기 때문이다. 부끄럼을 아는 사람은 결코 버릇없는 짓을 하지 않는다. 부끄럼을 아는 사람은 절대 무람없이 굴지 않는다.

내 탓이오

反求諸己

되돌릴 반 구할 구 어조사 저   몸 기

사람들은 하던 일이 꼬이거나 어긋나기라도 하면 으레
남 탓을 하고, 핑계 삼을 만한 걸 찾아서 거기에 대고 푼
다. 이야말로 소경이 개천 나무라는 격이다. 일이 잘못
되었을 때 남 탓으로 돌리고 갖은 핑계를 대면 일단은
마음이 편하다. 그래서 그런지는 몰라도 사람들은 곧잘
가까이는 남을 탓하고, 멀리는 조상을 탓한다.

　하지만 남 탓으로 돌리고 이 핑계 저 핑계 대는 일은
멀게 보면 결코, 바람직하지 않다. 아울러 자기 자신에게 아무런 보탬도 되지 않는다. 도움은커녕 외려 의지를 갉아먹고 자기합리화의 늪에 빠져들게 된다.

남과 활쏘기를 했다고 치자. 자기 자신을 바르게 한 뒤 활시위를 힘껏 당겨 과녁을 향해 화살을 날려 보냈다. 아쉽게도 화살은 과녁을 빗나가고, 상대방에게 지고 말았다. 이때 보통 사람이면 활을 탓하고 화살을 핑계거리로 삼을 것이다. 심지어는 내가 쏠 때 바람이 심술을 부렸다는 둥, 상대방이 너무나 월등해서 졌다는 둥 갖은 구실을 갖다 댈 것이다. 자기 발전에 무슨 보탬이 되겠는가!

【 　한자를 읽어보자　 】

反반 ──────── 厂한 + 又우

厂한은 '언덕, 기슭'이고, 又우는 '손'이다.

反반은 본래 '오르다'라는 뜻이었지만 나중에 '반성하

다, 돌이키다, 돌아보다'라는 뜻으로 사용되었다.

求 구 ——— 짐승 가죽으로 만든 옷, 갖옷

예나 지금이나 가죽 옷은 누구나 탐내하는 물건이었던 모양이다. '구하다, 찾다'라는 뜻으로 더 많이 사용되자 본래 뜻을 위해서 衣옷 의를 덧붙여 裘갖옷 구를 만들었다.

己 기 ——————— 매듭을 지은 새끼줄

줄을 꼰 매듭으로 의사를 전달하는 결승문자로 '기록하다'는 뜻을 나타냈다. 이 글자가 '몸, 자기'라는 뜻으로 더 많이 쓰이게 되자 본래 뜻을 위해서는 糸실 사를 덧붙여 紀기록할 기를 만들었다.

諸 저 ——————— 言 언 + 者 자

'여럿, 모두'라는 뜻으로는 '제'로 읽고, '之于지우, 그것

을 ~에서'라는 뜻으로는 '저'로 읽는다

君子求諸己, 小人求諸人.
군자　구저기　　소인구저인

— 『論語·衛靈公』

군자는 자기에게서 구하고, 소인은 남에게서 구한다.

— 『논어·위영공』

求구는 '구하다', 諸저는 '之於'로 '그것을 ~에서'로 푼다. 己기는 '자기'다. 小人소인은 군자의 반대말이다. 人인은 己기의 반대말이다. 즉, '남'이다.

오직 냉철한 가슴으로 돌이켜 봐야 한다. 그리고 진티를 찾았으면 같은 실수를 되풀이하지 않게끔 뼈저리게 뉘우쳐야 한다. 얼렁뚱땅 대충 넘어가서는 결코 아니 된다. 자기 합리화 내지는 자기 봐주기는 자기 자신을 스스로 좀먹는 짓이다. 따끔한 자기반성을 통해 일을 그르치게 된 진티를 찾아내고, 철저하게 자책하고, 가슴 깊이 새겨 두었다가 틈나는 대로 몇 번이고 곱씹어야 한다.

마음 가는 대로 하다보면
허물 짓기 쉬운 세 가지

三愆

석 삼   허물 건

어른을 모시고 이야기를 나눌 때 곧잘 범하기 쉬운 잘
못에 세 가지가 있다. 첫째는 말을 꺼낼 때도 아닌데 진
득이 기다리지 못하고 불쑥 끼어드는 것이다. 그러면
성질 급하고 조급하게 구는 사람이란 인상을 심어준다.
둘째는 말을 해야 할 때임에도 입을 닫고 묵묵히 있는
것이다. 그러면 꿍꿍이셈을 하며 뭔가를 감추고 있다는
인상을 준다. 셋째는 윗사람 안색도 살피지 않고 마구
지껄이는 것이다. 그러면 본데없이 자란 사람이라는 인

상을 남긴다.

愆건 ———————— 衍연 + 心심

衍연은 行행 + 氵수다. 물이 마구 흘러 넘쳐흐르는 것을
나타냈다.

　愆건은 '허물, 잘못'이다. 물이 길이길이 굽이쳐 흘러
가듯이 마음心이 움직이는 대로 하다보면 잘못을 저지
르기 십상이다. 마음이 하고픈 대로 하다보면 허물을
짓기 마련이다.

侍於君子, 有三愆.
　　시어군자　　　유삼건

言未及之而言, 謂之躁.
　　언미급지이언　　　위지조

言及之而不言, 謂之隱.
　　언급지이불언　　　위지은

未見顔色而言, 謂之瞽.
　　미견안색이언　　　위지고

— 『論語·季氏』

군자를 모심에 세 가지 잘못이 있으니, 말씀이 미치
지 않았는데 먼저 말하는 것을 조급함이라 하고, 말
씀이 미쳤는데 말하지 않는 것을 숨김이라 하고, 안
색을 보지 않고 말하는 것을 눈멂이라고 한다.

— 『논어·계씨』

侍시는 '모시다'다. 君子군자는 '나이나 지위가 높은 사람', '덕이 높은 사람'이다. 三愆삼건은 '세 가지 잘못'이다. 言언은 '말씀'이다. 未미는 '아직 ~ 않음'이다. 及급은 '이르다, 미치다'다. 而이는 여기에서는 '그런데도'로 푼다. 謂위는 '~라고 하다'다. 躁조는 '조급하다'다. 隱은은 '숨기다'다. 顏色안색은 '얼굴 빛, 안색'이다. 瞽고는 '눈멀다, 소경'이다.

어릴 적에는 아버지와 겸상하는 일이 잦았다. 하루에 한 끼 정도는 꼬박꼬박 아버지와 마주 앉아 식사를 했다. 밥상머리 교육을 받은 것이다. 그 자리에서 자신을 절제하는 법과 남을 배려하는 마음을 배웠고, 어른과 말을 주고받는 법도 배웠다. 요즘 젊은 사람들은 어른을 모시고 이야기를 나누는 데 무척 서툴다. 말을 뱉어야 할 때를 모르고, 말을 삼켜야 할 때를 모른다. 술 덤벙 물 덤벙이다. 그리하여 '경위涇渭 없는 사람'이란 소릴 듣는다. 이런 걸 예전에는 밥상머리에서 배웠다. 아버지와 겸상하면서 자연스레 사회생활과 인간관계에 필요한 예의와 범절을 배웠다.

흠 잡을 원인이 없으면
흠 잡힐 결과도 없다.

因果

까닭 인   열매 과

아니 땐 굴뚝에 연기 날까! 원인에 따라서 그 결과가 생긴다. 원인과 결과는 빛과 그림자다. 그러므로 현명한 사람은 아예 원인을 만들지 않는다. 남이 나를 헐뜯고 업신여기는 것도 괜히 그러는 게 아니다. 따지고 보면 다 자신이 초래하는 것이다. 자기 스스로 모욕을 자초하는 행위를 하고 난 뒤에야 남이 비로소 자신을 모욕하는 것이다.

남들이 까닭 없이 갑자기 업신여기고 깔보지는 않는

다. 다 그만한 이유가 있기 때문이다. 아랫사람이 윗사람을 씹고, 아이가 어른을 막 대하고 우습게 여기는 것도 다 이유가 있다. 남이 나를 욕하고 헐뜯는다면 화부터 낼 게 아니라 스스로를 되돌아봐야 한다. 내가 책잡힐 짓은 하지 않았나! 선한 행위는 좋은 결과를 가져오고, 악한 행위는 나쁜 결과를 불러온다. 이처럼 어떤 원인을 지으면 반드시 어떤 결과가 생긴다.

【　　한자를 읽어보자　　】

因인 ——— 囗(圍)위 + 大대

囗위는 사방을 둘러싸고 있는 것을 가리킨다. 여기서는 사람이 누울 수 있는 깔개 모양이다. 大대는 양 팔을 충분히 벌리고 있는 사람이다.

因인은 사람이 돗자리 같은 깔개 위에 양 팔과 양 다리를 다 벌리고 누워있는 모습을 나타낸 것이다. 나중에 이 글자가 '원인, 까닭'이라는 뜻을 갖게 되었다. 돗자리에 의지해 누워있는 것과 '원인, 까닭'이라는 뜻이 어떤 관련을 가지는 지는 한번 추측해보면 좋겠다.

어떤 이는 사람人이 감옥口에 갇혀 있는 모습이라고 말하기도 한다. 감옥에 갇혔다면 그만한 '이유'가 있을 거라는 설명이다.

果과 ——————— 나무에 맺힌 열매

果과는 나무에 열매가 열린 모양을 본뜬 글자다. '열매, 과일'이라는 뜻이다. 위에 있는 田을 밭이라고 풀이하면 뜻이 좀 이상해진다. 옛 글자에는 田과는 영 딴판인 모양으로 되어있다. 因果인과에서 果과는 '결과'로 풀이하면 좋다.

夫種瓜得瓜, 種豆得豆,
　부　　종과득과　　　　종두득두

因果之相償也.
　인과지상상야

—『閱微草堂筆記·灤陽消夏録四』紀昀

무릇 오이 심은 데 오이 나고, 콩 심은 데 콩 난다.

원인과 결과는 서로 맞물려 있다.

—『열미초당필기·난양소하록사』기윤

夫부는 '무릇', 발어사다. 種종은 '심다'다. 瓜과는 '외'다. 오이, 참외 등속이다. 得득은 '얻다'다. 豆두는 '콩'이다. 因인은 '원인', 果과는 '결과'다. 相상은 '서로', 償상은 '갚다'다. 相償상상은 '서로 갚아준다, 서로 맞물려 있다'다.

예전에는 선생님 그림자도 밟지 않았다고 했다. 허나 요즘은 어떠한가! 말이 아니다. 몇몇 선생님들은 이렇게 된 원인을 밖으로부터 찾고 있지만 번지수가 틀렸다. 자기 자신으로부터 찾아야 한다. 작금의 결과는 모두 선생님이 스스로 초래한 것이다. 학생들이 그저 하는 행동은 아닐 것이다. 선생님의 권위는 법이 찾아주는 것도 아니고 학교나 학생이 세워주는 것도 아니다. 스스로가 찾고 세워야 한다.

비단 선생님 경우뿐만 아니다. 부모도 그렇고 어른도 그렇다. 부모나 어른은 자식과 아이의 거울이다. 자식과 아이는 거울 속에 비친 그대로를 따라하게 마련이다. 콩 심은 데 콩 나고 팥 심은 데 팥 난다는 말을 가슴속 깊숙이 아로새겨야 할 것이다.

스스로를 업신여기면 남도
덩달아 나를 무시한다

스스로 자 업신여길 모

侮모란 자를 다르게 보면 옛 사람들의 사고방식에서 벗어나 지금 우리에게 시사하는 바를 찾을 수 있다. イ인은 '사람', 每매는 '매번, 매양(번번이)'이다. 자주 보고 매번 보고 하는 사람이면 왠지 스스러운 마음이 없어지고, 스스럼없이 지내다 보면 조심하는 마음이 없어지고, 조심하는 마음이 없어지다 보면 말실수나 책잡힐 짓을 하게 된다. 한두 번은 그냥 보아주고 넘어가겠지만 번번이 그런 짓을 하다 보면 결국은 업신여기고 속

으로 욕할 것이다. 그렇기에 모든 모욕은 스스로가 불러들이는 거다. 모욕을 자초하는 행위(자모自侮)를 하고 저지르고 나서야 남이 비로소 그 행위를 모욕하고 깔보고 업신여기는 것이다.

사람은 사람과 관계를 맺으며 살아간다. 사람을 달리 인간人間이라 부르는 까닭이다. 오늘날 사회는 인간관계가 좀 느슨해지고 성글어졌지만, 예전 우리 인간관계는 말 그대로 그물처럼 촘촘하게 엮이어 맺어졌고, 서로가 조심하고 삼갔다.

사람은 아무 까닭도 없이 남을 모욕하거나 능멸하지는 않는다. 아무리 남 헐뜯기 좋아하고 남 씹기 좋아하는 사람일지라도 괜한 사람을 깔보지 않을뿐더러 업신여기지도 않는다.

인간관계에서 다른 사람과의 감정적 거리를 적당히 두고 지낸다면 쉬이 업신여김을 당하지 않을 터이고, 남이 가벼이 얕보지 않을 터이다. 아울러 해서는 안 되는 일을 분명히 지킨다면 남이 함부로 능멸하지도 않을뿐더러 남들한테 모욕도 받지 않을 것이다.

自자 ——— 본래 '코'를 나타내는 글자

옛 사람들은 자기 자신을 일컬을 때 자기 '코'를 가리켰다. 시간이 지나면서 自자가 '자기, 스스로'라는 새 뜻으로 더 많이 사용되자 본래 뜻인 코를 나타낼 새로운 글자가 필요하게 되었고, 결국 畀줄 비를 덧붙여 鼻코 비를 만들었다.

侮모 ——— 亻인 + 每매

每매는 '꽃단장한 여성'이다. 每매는 바로 母모고, 母모는 女여다. 여기서는 뜻도 나타내지만 발음 기호 역할도 한다.

　侮모는 아마도 남존여비男尊女卑 사상에 기초하여 만들었을 것이다. '여성을 남성에 비해 업신여겼던' 옛 사람들의 사고방식이 반영된 듯하다.

夫人必自侮, 然後人侮之.
부　　인필자모　　　연후　　인모지

―『孟子·離婁章句上』

무릇, 사람은 반드시 스스로를 업신여긴 연후에 남

이 그를 업신여긴다.　　　　―『맹자·이루장구상』

夫부는 '무릇, 대체로'다. 人인은 '사람', 必필은 '반드시',

自자는 '스스로', 侮모는 '업신여기다'다. 然後연후는 '그

런 뒤에'다. 人인은 '남'이고, 之지는 앞의 그 '사람', 즉

'스스로를 업신여긴 그 사람'이다.

안 좋은 습관은 뿌리째
뽑아내야 비로소 고쳐진다

拔本塞原

뺄 발　뿌리 본　막힐 색　근원 원

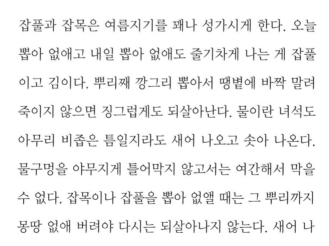

잡풀과 잡목은 여름지기를 꽤나 성가시게 한다. 오늘 뽑아 없애고 내일 뽑아 없애도 줄기차게 나는 게 잡풀이고 김이다. 뿌리째 깡그리 뽑아서 땡볕에 바짝 말려 죽이지 않으면 징그럽게도 되살아난다. 물이란 녀석도 아무리 비좁은 틈일지라도 새어 나오고 솟아 나온다. 물구멍을 야무지게 틀어막지 않고서는 여간해서 막을 수 없다. 잡목이나 잡풀을 뽑아 없앨 때는 그 뿌리까지 몽땅 없애 버려야 다시는 되살아나지 않는다. 새어 나

오는 물을 막자면 그 발원지를 찾아서 물샐틈없이 막아
야만 다시는 새지 않을 것이다.

모름지기 나쁜 짓이나 나쁜 일은 싹부터 인정사정
볼 것 없이 밟아야 한다. 어설프게 혼내거나 어중간하
게 나무라고 말면 나중에 더 큰 나쁜 짓을 키우는 꼴이
다. 아무리 처음 저지른 나쁜 짓이라도 돼먹지 못한 짓
일 때에는 그냥 눈감아 주어서는 결코 안 된다. 그건 배
려도 아니고 용서도 아니다. 용서도 잘못된 것을 바로
잡은 뒤 하는 것이다.

【　한자를 읽어보자　】

拔 발 ——— 扌(手)수 + 友 발

扌수는 '손'이다. 手가 글자의 왼쪽에 사용될 때 扌로 모
양이 바뀐다. 友발은 犬견에 丿별을 추가한 것이다. 개의
한쪽 다리에 줄을 매고 비틀거리게 끌고 다니는 모습이
다.

拔발은 손으로 무언가를 '뽑다'라는 뜻을 나타내기 위해 만들었다.

本 본 —— 木 목에 가로선을 하나 추가한 것

나무의 '뿌리' 부분을 가리켜 '근본'이란 뜻을 나타낸 것이다.

塞 색 ——————— 㝈 색 + 土 토

㝈색은 宀면+卝+㐅(廾)이다. 집宀에서 벽을 쌓기 위해 벽돌卝을 두 손㐅으로 들고 있는 모습이다.

塞색은 㝈색에 土토를 덧붙여 '흙담으로 막다'라는 뜻을 강화했다. '막다, 틀어막다'다.

原_원 ——— 厂_엄 + 泉_천

厂_엄은 '절벽, 언덕'이고, 泉_천은 '샘물'이다.

原_원은 절벽에서 물이 처음 흘러나오는 곳, 바로 샘터나 발원지를 가리킨다. 原_원이 수원지임을 분명히 하기 위해 나중에 물을 뜻하는 氵(水)_수를 더하여 源_원으로 썼다. '근원'이다.

【 옛 글을 읽어보자 】

當斷不斷, 反受其亂.
당단부단　　　반수기란

—『漢書·霍光傳』

마땅히 끊어야 하는 것을 끊지 않으면 도리어 그로 인한 어지러움을 겪게 된다.　　—『한서·곽광전』

當_당은 '마땅하다', 斷_단은 '끊다'다. 當斷_{당단}은 '마땅히

172

끊어야 함'이다. 不斷_{부단}은 '끊지 않음'이다. 反_반은 '돌이키다, 도리어', 受_수는 '받다', 其_기는 '그', 亂_란은 '어지러움'이다.

세상 무서운 줄 모르고 날뛰면
남들 손가락질에 죽을 수도 있다

千人所指

일천 천   사람 인   위치 소   손가락 지

옛 글에는 행동거지를 조심하고 말실수를 하지 않도록 당조짐하라는 취지로 한 말이 대단히 많다. 우리는 흔히 좋지 않은 행동을 보거나 비난받아 마땅한 사람을 보면 혀를 끌끌차며 속으로 욕하거나 대놓고 손가락질한다. 그 사람이 밉거나 싫어서 손가락질하고 욕하지는 않을 것이다. 생판 처음 보는 사람을 어찌 안다고 그 사람을 욕하고 비난하겠는가. 그 사람의 좋지 않은 언행을 보고 못마땅해서 혀를 차며 때리는 거다.

사람은 필요에 의해 사회를 만들고, 그 사회를 꾸려 가기 위해 여러 가지 약속과 규칙을 정한다. 사회를 파괴하거나 어지럽히는 행동이나 말은 재깍 통제되고 제재를 받았다. 심지어는 추방까지 당했다. 가까이는 마을 밖으로 쫓아내고, 멀리는 나라 밖으로 쫓아냈다. 사람이 효율적으로 생존해 가는데, 꼭 필요한 사회공동체를 유지하자면 개인의 권리와 자유는 어느 정도 억제되고 제한될 수밖에 없다.

서양 격언에서 로마에 가면 로마 사람들의 풍속을 따르라고 했다. 그리고 우리 옛 어른들도 다른 나라에 가거들랑 맨 먼저 그 나라의 금령禁令을 자세히 알아보고 어기지 말아야 한다고 가르쳤다. 또 다른 지방에 가거들랑 제일 먼저 그 지역의 풍속을 꼼꼼히 물어보고 범하지 않도록 신경 써야 한다고 가르쳤다. 어디 가서라도 손가락질받을 행동을 하지 말라는 것일 게다.

千천 ——————— 一(十)+ 亻인

一이라고도 하고 十이라고도 하는 아랫부분은 이 글자가 '수'를 나타낸다는 표시를 하고, 亻인은 발음 기호 역할을 한다. 백의 열 곱절인 1,000이다.

千천은 百백, 萬만과 마찬가지로 '많음'을 표시한다.

所소 ——————— 戶호+ 斤근

戶호는 '외짝문, 지게문'이다. 門문의 반쪽이다. '방'을 나타낸다. 여기서는 발음 기호 역할도 한다. 斤근은 '도끼'다. 고대 사회에서 중요한 생산 도구다.

所소는 도끼가 있는 방이다. '장소'를 나타낼 때 사용했고, 나중에는 '~하는 것'이라는 뜻도 가지게 되었다. 뒷글자의 수식을 받는 독특한 한자다. 所謂소위는 '이른바', 所願소원은 '원하는 것'이다

指 지 ──────── 扌(手)수 + 旨 지

扌수는 '손'이다. 手가 글자의 왼쪽에 쓰일 때 모양이 扌
로 바뀐다. '손'과 관련한 글자에 사용된다.

旨지는 匕비+日이다. 匕비는 숟가락이다. 숟가락으로
음식을 떠서 입으로 가져가는 모습이다. '맛있다'다. 그
럼, 日은 '해, 날'이 아님을 알 수 있다. 본래 口입 구였는
데 甘달 감으로, 다시 曰가로 왈로 변형되었다가, 급기야
전혀 관련 없는 日날 일로 잘못 바뀌었다.

指지는 '손가락으로 맛보는 행위'를 상상해보면 좋겠
다. '손가락, 가리키다'다.

里諺曰. '千人所指, 無病而死.'
이언왈　　　　천인소지　　　무병이사

—『漢書·王嘉傳』

항간에 떠도는 말이 있습니다. '천 사람의 손가락질
을 받으면 병이 없어도 죽는다.'　—『한서·왕가전』

里리는 '마을'이고 諺언은 '속된 말'이다. 里諺이언은 '항
간에 떠도는 속된 말'이다. 曰왈은 '말하다'다. 千人천인
은 '천 사람'이지만 여기서는 '많은 사람'이다. 所소는 '~
한 바', 指지는 '손가락질하다'다. 所指소지는 '손가락질
을 받음'이다.

　無무는 '없다', 病병은 '병', 而이는 접속 표현, 死사는
'죽다'다. 無病而死무병이사는 '병이 없어도 죽는다'다.

　우측 보행을 하기로 약속했으면 오른쪽으로 다녀야
하고, 길거리에서 흡연을 하지 않기로 했으면 한 곳에

서서 조심히 담배를 피워야 하고, 가래침이나 씹던 껌을 아무 데나 함부로 버리고 뱉지 않기로 했으면 가급적 하지 말아야 한다. 사람 다니는 길을 차가 막아서지 말아야 하고, 찻길에 사람이 함부로 들어서지 말아야 한다. 이런 사회적 약속들을 어길 시에는 바로 따가운 눈총을 맞을 것이고, 정신 건강에 안 좋은 소리 없는 욕을 먹을 것이고, 몸 건강에 안 좋은 손가락질을 받을 것이다. 계속 이러다가는 혹 정말 죽을지도 모른다.

실수란 고치기 위해 존재하는 것이다

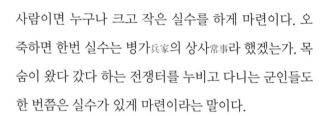

改過

고칠 개   허물 과

사람이면 누구나 크고 작은 실수를 하게 마련이다. 오
죽하면 한번 실수는 병가兵家의 상사常事라 했겠는가. 목
숨이 왔다 갔다 하는 전쟁터를 누비고 다니는 군인들도
한 번쯤은 실수가 있게 마련이라는 말이다.

대개 잘못이나 실수를 하면 당장은 당황하고 이어
부끄럼을 탄다. 그러고는 잽싸게 잘못을 변호하고 얼버
무릴 만한 핑계를 찾아서 댄다. 심지어는 실수를 은폐
하고 숨길만한 거리를 찾아서 덮는다. 보통 사람은 잘

못이나 실수를 대체로 이렇게 처리한다. 실수에 대한 부끄럼만 느끼고 그만이다. 실수 자체가 부끄러운 게 아니라 실수한 자신이 부끄러워서 하는 부끄럼이기에 改過개과: 잘못을 고침하는 데까지는 나아가지 않는다.

사람은 으레 실수나 잘못을 할 때면 '합리화'라는 방어 기제를 작동시킨다. 자책감이나 죄책감으로부터 벗어나기 위해 그 상황을 정당화하려는 심리가 바로 합리화다. 말하자면 자위, 곧 스스로를 다독이는 짓이다. 이런 행동은 그 상황에 아무런 보탬도 되지 않는다. 또 그런 바보 같은 실수를 되풀이하게 할 따름이다.

【 　한자를 읽어보자　 】

改개 ——— 巳사 + 攵(攴복)

巳사는 '어린 아이'다. 攵(攴)복은 '치다, 때리다'다. 손에 회초리를 잡고 있는 모습이다.

改개는 어린 아이를 회초리로 때려 나쁜 행동을 고치는 것을 표현했다. 한자에는 회초리를 사용해 사람을 바로잡는다는 생각의 흔적이 많이 남아있다. 教가르칠교, 政정사 정, 敏재빠를 민 등이 그렇다.

【   옛 글을 읽어보자   】

有過, 非過也.
유과   비과야

過而不改, 是謂過矣.
과이불개   시위과의

─『子劉子行狀』黃宗羲

잘못이 있는 것은 잘못이 아니다. 잘못하고 고치지 않는 것이 바로 잘못이라 할 것이다.

─『자유자행장』황종희

有유는 '있다, 가지다', 過과는 '잘못, 허물'이다. 有過유과

는 '잘못이 있음'이다. 非비는 '아니다'다. 非過비과는 '잘
못이 아니다'다. 改개는 '고치다'다. 是시는 '이것'이다.
강조할 때 사용한다. 謂위는 '~라 이른다'다.

　실수를 해놓고도 자기가 무슨 잘못을 저질렀는지조
차 모르는 사람은 참으로 본데없는 사람이다. 자기가
무슨 잘못을 했는지를 아는 사람은 그래도 영악한 사람
이다. 하지만 아는 걸로 그만이면 참으로 딱한 사람이
다. 부끄럼만 느끼고 얼렁뚱땅 넘어가면 그야말로 구제
불능인 사람이다. 도끼가 제 자루 못 찍듯이 자신의 허
물을 자기가 알아서 고치기는 참으로 어렵다. 그야말로
크나큰 용기가 필요하다. 知過지과한 후 改過개과할 줄
알아야 참으로 된 사람이다.

學학은 臼양 손 + 爻책 + 宀집 + 子자다. 臼는 양 손이고 爻는 책이다. 양 손으로 책을 잡고 있는 모습이다. 宀은 집이다. 양 손으로 책을 잡고 배우는 공간이다. 子자는 배우는 아이다. 따라서 學학은 아이가 양 손으로 책을 잡고 집에서 배우는 모습을 나타냈다. 敎교는 爻효 + 子자 + 攵(攴)복이다. 攵(攴)복은 손에 막대기를 들고 있는 모양이고, 子자는 역시 배우는 아이다. 따라서 敎교는 가르치는 사람의 손으로, 선생이 학생을 가르치는 모습을 나타냈다.

사람들은 저마다 제자가 되기도 하고 스승이 되기도 한다. 한평생 끝없이 배워야 하는 동시에 쉬지 않고 가르치기도 해야 한다. 가르치는 것과 배우는 것은 본디 둘이 아니고 하나다. 그 둘은 빛과 그림자다.

끝없이 배우고
노력하는 마음을
곧추세우는
아침 한자

하루에 아침을
두 번 맞이할 수는 없다

歲月不待人

해 세   달 월   아니 부   기다릴 대   사람 인

歲月세월은 '해와 달'이다. 한 해가 가고 한 달이 가며 시간은 그렇게 흐른다. 그러므로 歲月세월은 '시간'이다. 시간은 흐름이다. 옛사람들은 곧잘 시간이나 세월을 흐르는 물, 유수流水에 비유했다. 흐르는 물은 빠르기도 하지만 한 번 가면 되돌아오지 못한다. 오늘 보는 물은 어제 물이 아니고, 오늘 물은 또 내일 보는 물과도 다르다. 고대 그리스 철학자 헤라클레이토스도 이와 비슷한 유명한 말을 했다고 한다. "같은 강물에 두 번 들어갈 수

없다." 황진이 노래도 떠오른다. "일도 창해一到滄海하면 다시 오기 어려우니 명월明月이 만공산滿空山하니 쉬어 간들 어떠리."

한 번 흘러간 물은 되돌아올 수 없고, 한 번 지나간 세월은 다시 오기 어렵다. 세월은 좀먹지 않는다. 세월아 네월아 하며 지낼 수 없다. 아무리 차고 넘치는 물일지라도 그냥 흘려보내면 아깝지 않은가. 남아도는 게 시간이고 세월일지라도 하릴없이 허송세월할 수는 없다.

우리네 시간에 노는 세월 따로 있고, 일하는 세월 따로 있는 건 아니다. 밤 시간과 낮 시간은 자연이 정해 놓은 거라 어쩔 수 없다지만 굳이 밤낮에 얽매일 필요까지야 있겠는가. 제때에 힘써 할 따름이다. 후회도 없고 아쉬움도 없도록 한껏 할 뿐이다. 그래야 시간을 내 것으로, 온전히 쓸 수가 있다. 놀 때는 놀이에 흠뻑 취하고, 일할 때는 일에 파묻혀야 한다. 술에 술 탄 듯 물에 물 탄 듯 미적지근하게 해서는 안 된다. 놀 때든 일할 때든 밥 먹을 때든 잠잘 때든 그때에 충실해야 하고 그때를 사랑해야 한다. 그때를 보내고 있으면서 다른 때를 곁눈질하거나 다른 시간을 넘봐서는 안 된다.

제때를 제대로 못 보내면 십중팔구 땅을 치며 이렇게 노래할 것이다. "노세 노세 젊어서 놀아 늙어지면은 못 노나니." 나를 기다려준다면 그건 진정 세월이 아닐 것이다(세월부대인歲月不待人).

【　한자를 읽어보자　】

歲 세 ────── 步 보 + 戌 월

步보는 '걷다', 戌월은 '낫, 도끼'다. 歲세는 걸어가면서 큰 낫으로 곡식을 수확하는 모습이다. '한 해'를 뜻한다. 같은 뜻인 年년도 마찬가지다. 본자는 秊년이다. 사람이 수확한 벼를 이고 가는 모습이다.

盛年不重來, 一日難再晨,
성년　　부중래　　　일일난재신

及時當勉勵, 歲月不待人.
급시　　당면려　　　세월부대인

—『雜詩』陶潛

성년은 다시 오지 않으며, 하루에 아침을 두 번 맞이하기 어렵다. 때를 만나면 마땅히 힘쓸지니 세월은 사람을 기다려 주지 않는다.　　—『잡시』도잠

盛성은 '성하다', 年년은 '해, 나이'다. 盛年성년은 '혈기 왕성하고 한창 젊은 나이'다. 重중은 '무겁다'지만 여기에서는 '거듭, 다시'로 푼다. 來래는 '오다'다. 難난은 '어렵다', 再재는 '두 번, 다시', 晨신은 '새벽, 아침'이다. 及급은 '이르다, 미치다', 時시는 '때', 當당은 '마땅하다', 勉면은 '힘쓰다', 勵려도 '힘쓰다'다. 待대는 '기다리다'다.

놀 때를 만났으면서도 놀기가 미안하고 아까워서 다음으로 미루고, 그 일을 할 때를 만났으면서도 귀찮아서 기회가 또 오겠지 하며 다음으로 미룬 적이 있는가? 그때는 결코 두 번 다시 오지 않는다. 하루에 아침을 두 번 맞이할 수 없듯이. 때를 만났거든 원 없이 보내자. 때는 사람을 기다려 주지 않는다.

무엇을 배우는지
곱씹어 생각한다

學而思

배울 학 말 이을 이 생각 사

우리는 태어나서 죽을 때까지 배운다. 심지어는 태아 적부터 태교를 받는다. 인간으로서 인간답게 살아가는 데 필요한 여러 가지 지식과 기술 등을 배운다. 이를테면 잠자는 법, 밥먹는 법, 대소변을 보는 법 등등 우리가 하찮게 여기는 것들부터 시작해서 돈을 사냥하는 법, 무리와 어울리는 법, 이성을 사귀는 법 등을 배운다. 어릴 적에 잠자는 법을 제대로 배우지 않으면 불면증에 시달릴 수 있고, 밥 먹는 법을 제대로 배우지 않으면 거식증이나 폭식증에 걸릴 수 있다.

옛적에는 짐승을 사냥하는 법을 배우고, 먹어도 탈 없는 푸나무를 알아보는 법을 배웠다. 이러한 지식과 기술은 목숨과 직결되는 생존 지식이었다. 사냥 기술을 제대로 배우지 않아 사냥감을 잡지 못한다면 당장에 굶어 죽을 터이다. 어떤 나무 열매를 먹고 어떤 나무 열매는 먹지 말아야 하는지를 제대로 배우지 않고 되는대로 따 먹다가는 십중팔구 중독되어 죽을 터이다. 즉, 배운다는 것은 곧 살아간다는 것과 다르지 않다. 살기 위해 먹고 마시기만 하지 말고 살기 위해 배우고 공부해야 할 터이다.

學_학 ─── 臼 + 爻 + 宀 + 子_자

臼는 양 손이다. 爻는 책이다. 양 손으로 책을 잡고 있는 모양이다. 爻는 책을 엮은 줄로 보아도 좋고, 글자 이전 단계의 매듭(결승)으로 보아도 좋다. 어쨌든 아이들은 배워야 하는 것이다. 宀은 집이다. 양 손으로 책을 잡고 배우는 공간이다. 子_자는 배우는 주체다.

　學_학은 아이가 양 손으로 책을 잡고 집에서 배우는 모습을 나타냈다. '배우다, 흉내 내다, 모방하다'다.

而_이 ─── 코와 인중, 콧수염과 턱수염 모양

본래는 '수염'이었다. 이 글자가 '접속사'로 더 많이 사용되자 본래 뜻을 위해서 '털'을 나타내는 彡삼을 덧붙여 耏_{구레나룻 이}를 만들었다. 접속사로 사용될 때는 '~고서, ~고 나서'로 새긴다.

思 사 ——— 田 (囟)신 + 心 심

囟신은 머리 위의 숫구멍이 있는 자리로, '정수리'를 그렸다. 心심은 심장을 나타냈다. 옛 사람들은 '마음'이 심장에 있다고 생각한 모양이다.

思사는 머리와 마음의 작용인 '생각'을 나타냈다. '생각하다'다. 나중에 囟신이 田밭 전으로 바뀌었는데, 이를 두고 농사일에 온 마음을 쓴 옛 사람들의 사고를 반영한 것이라는 설명도 있다.

【 옛 글을 읽어보자 】

學而時習之, 不亦說乎.
학이시습지　　　부역열호

— 『論語·學而』

배우고 때때로 익히면, 또한 기쁘지 아니한가.

— 『논어·학이』

學학은 '배우다'다. 而이는 말을 이어주는 역할을 한다. '접속사'다. 여기서는 '그리고' 정도로 푼다. 時시는 '때, 때때로'다. 習습은 '익히다'다. 之지는 '그것'이다. 여기서는 '배운 것'이다. 不불은 '아니다', 亦역은 '또한'이다.

說열은 '기쁘다'다. 혹시 '이거 말씀 설 아닌가?'하고 의심하는 분들! 맞다. 본래는 '말씀 설'이다. 본래 '기쁠 열'은 悅로 쓰는 것이 맞지만 어쩐 일인지 여기에는 說로 바꿔 썼다. 한문에서는 발음이 비슷하면 종종 바꾸어 쓰기도 한다. 그러나 아무나 바꿔 써도 되는 건 아니다. 이 분(공자) 정도는 되어야 '아, 이렇게 바꿔 써도 되는 거구나!' 하는 인정을 받을 수 있다. 乎호는 반어의 의미를 더해준다.

學而不化, 非學也. —『庸言』楊萬里
학이불화   비학야

배우기만 하고 소화하지 않으면, 배우지 않은 것과 같다. —『용언』양만리

化화는 '소화하다'다. 非비는 '아니다'다. 非學비학은 '배운 게 아니다'다.

밥은 때맞춰 먹어야 한다. 공자도 밥 때가 아니면 밥을 먹지 않았다. 그래야 위장에 무리가 안 가고 탈이 안 생긴다. 아무 때나 먹고 싶을 때 먹고, 잔뜩 굶주린 끝에 먹는 버릇하다 보면 평소에는 쉬고 있다가 음식이 들어올 때만 일하는 위가 정신을 못 차릴 테고 기능이 떨어질 것이다. 때맞춰 먹는 것도 중요하지만 꼭꼭 씹어서 삼켜야 한다. 그래야 위가 음식을 소화시키는 데 덜 힘들다. 잘 씹지도 않고 뭉텅뭉텅 삼키다 보면 위가 힘겨워할 테고 결국에는 설사라는 극약 처방을 내릴 것이다. 소화시키기 힘드니 그냥 몸 밖으로 내보내는 것이다.

공부도 그렇다. 배우기 전에 해야 할 공부가 있고 배우고 난 뒤에 해야 할 공부가 있다. 배웠으면 익혀야 내 것이 된다. 공자가 學학과 習습을 나누어 이야기한 데는 다 이유가 있다. 배운 것을 충분히 소화시켜 제 것으로 만들 복습 시간이나, 사색할 시간을 갖지 않는다면 아까운 음식을 몸 밖으로 그냥 설사하여 내보내는 것과 마찬가지다. 배우고 익히고 곱씹는 과정을 거쳐야 비로소 온전한 자기 것이 된다.

공부란 근본을 다지고 실제에 유용한 것을 배우고 가르치는 것이다

屠龍

잡을 도   용 룡

용이란 동물도 한때는 틀림없이 지구상에 실존했던 동물이었을 것이다. 옛적에 하도 많이 남획하는 바람에 씨가 말라서 보기 힘들게 되자 사람들 기억 속에나 존재하게 되었고 시나브로 전설화하였을 터이다. 이를테면 오늘날 우리들이 동물원에 가야 겨우 볼 수 있는 범도 아마 우리 손자에 손자의 대쯤이면 용과 같은 운명으로 될지 모른다. 아무개는 용을 오늘날까지 살아 있는 양자강 악어나 왕뱀 또는 비단구렁이의 조상쯤으로 본다.

여기서 용을 말하고자 함이 아니니 이쯤에서 접고 본론으로 넘어가자. 아마도 무분별한 남획으로 오늘날 중국 중원 지역에서는 용 그림자도 찾아보기 힘든 때였겠다. 주평만이라는 사람이 전 재산을 몽땅 들이고 삼 년이라는 긴긴 시간을 투자하여 어찌어찌해서 간신히 용 잡는 기술을 지리익 선생에게 배웠다. 갖은 고생을 하며 겨우 기막힌 기술을 배우긴 배웠는데 막상 써먹을 데가 없어져버렸다. 하! 기가 찰 노릇이다. 돈은 돈대로 들이고 시간은 시간대로 들여서 겨우겨우 배웠는데 배운 기술 펼칠 곳도 없고 밥벌이하는 데도 무소용이니 참으로 딱한 일이 아닐 수 없다.

오늘날도 주평만 같은 사람이 넘쳐난다. 길게는 16년, 짧게는 14년간 그야말로 남보다 더 잘살아 보겠다는 열망 하나로 공부에 매달렸다. 한눈팔지 않고 오로지 공부에만 전념했다. 심지어는 학자금이라는 빚까지 내어 공부했다. 자그마치 4년을 공들여 기술을 배웠건만 정작 사냥터–사회에서 써먹을 수가 없다. 망연자실하고 있을 틈이 없다. 얼른 더 기막힌 기술을 가르쳐 준다는 사설학원으로 냅다 달려가야 한다. 거기서 또 몇 년을 더 배워야 할지는 장담할 수 없다. 이렇게 또 짧게는 한두 해를 오롯이 들여 언젠가는 써먹을 기술을 배운다.

배우는 일은 거창할 게 없다. 그 시대를 살아가는 데 꼭 필요한 것들을 배우는 일이다. 뭐, 여유가 있다면야 배움을 통해 몸과 마음을 아름답게 꾸미는 일도 나쁘지는 않다. 하지만 배움은 뭐니 뭐니 해도 생활에, 생존에 필수 불가결한 것이라야 한다. 그러므로 뭘 배우고 뭘 가르쳐야 할지를 다시금 생각해 봐야 할 때다.

【　한자를 읽어보자　】

屠도 ——————— 尸시 + 者자

尸시는 '주검'이다. 者자는 여기에서 발음 기호 역할을 한다. 者자가 쓰인 글자는 '도'로 발음되는 경우가 많다.

都도읍 도, 堵담 도, 睹볼 도, 賭내기 걸 도 등이 그렇다.

屠도는 짐승을 '잡아 죽이다'다. 따라서 屠龍도용이라 함은, '용을 잡다'라는 뜻이다.

龍용 ──────── 전설 속의 동물

몸이 길쭉하고 생김새가 뱀과 같으며 비늘과 발톱이 있는 신령스러운 동물이다. 옛 글자는 뿔, 입, 몸통, 꼬리를 생생하게 표현했다.

【 옛 글을 읽어보자 】

教學之意在乎敦本而修其實事.
교학지의　재호　돈본이수기실사

— 『議學狀』歐陽修

가르치고 배우는 뜻은 근본을 도탑게하고 그 실제 일을 닦는 데 있다.　　　　— 『의학장』구양수

教교는 '가르치다', 學학은 '배우다', 意의는 '뜻'이다. 在재는 '있다', 乎호는 '~에'다. 敦돈은 '도탑게하다', 本본은 '근본', 修수는 '닦다', 實실은 '실제', 事사는 '일'이다.

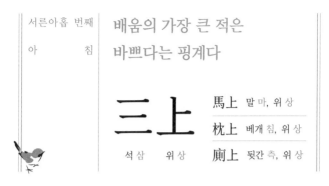

三上
석 삼   위 상

馬上 말 마, 위 상

枕上 베개 침, 위 상

廁上 뒷간 측, 위 상

바빠서 아무것도 할 수 없다. 눈코 뜰 새 없이 바빠 시간
을 낼 수 없다. 잠잘 시간도 없는데 아무것도 할 엄두가
안 난다. 이렇게 스스로를 달래고 다독이며 하루하루를
흘려보낸다. 바쁘다는 핑계! 생각해 보면 가장 흔한 핑
계거리다.

오늘날 우리 사회는 바빠야 미덕이다. 애 어른 할 것
없이 모두 다 바쁘다. 애들은 애들대로, 어른은 어른대
로 바쁘다. 그러나 요즘 사람이 바쁜 건지 요즘 시대가

바쁜 건지 알쏭하다. 오죽하면 느리게 살자고 목청 높이는 이들이 있겠는가.

바쁘다 보니 당장 챙겨서 해야 할 일도 안 하고, 허구한 날 다음으로 미룬다. 바쁘게 살다 보니 몸도 마음도 금방 고단해진다. 쉬이 고단해지니 만사가 하기 싫고 귀찮아진다. 매사가 귀찮으니 시급히 해야 할 일도 나중으로 미루고 미룬다. 그러나 엄밀히 말해 나중이나 내일은 없다. 오늘 일을 내일로 미루지 마라는 말은 내일은 없기 때문이다. 그러함에도 우리들은 습관처럼 "내일하면 되지"라고 되뇐다.

보통 사람이면 무엇이 급하고 무엇이 중요한지를 안다. 알면서도 핑계를 대가며 정말 급하고 중요한 일을 곧잘 나중으로 미루는 경향이 있다. 그것과 관련된 사람이나 일은 언제든지 마음만 먹으면 할 수 있을 거라 여기기 때문이다. 그러나 모든 일과 사람은 그때가 지나면 다시는 오지 않는다. 마냥 기다려주지 않는다는 말이다.

枕침 ——————— 木목 + 尤임

木목은 나무다. 베개(목침)를 만드는 재료이기도 하다. 尤임은 '머무를 유'로 알고 있지만 '게으를 임'이다. 여기서는 발음 요소로 쓰였다. 尤임이 쓰인 한자는 거의 '침'이란 음을 갖는다. 많이 볼 수 있는 것이 枕베개 침, 沈가라앉을 침이고, 忱정성 침, 鈂쇠공이 침 등도 그렇다.

枕침은 나무로 만든 베개다.

廁측 ——————— 广엄 + 則칙

广엄은 집이다. 바위 언덕을 한쪽 벽면으로 삼아 지은 집이다. 广엄이 쓰인 한자는 집, 건축물과 관련한 뜻을 가진다. 店가게 점, 庭뜰 정, 府곳집 부, 廳관청 청 등이 그렇다. 則칙은 법칙이다. 여기서는 발음 요소로 쓰였다.

廁측은 '측'이라고 부르는 건축물이다. '뒷간, 화장실'을 뜻한다. 厠이라고 써도 같은 글자가 된다.

歲月本長, 而忙者自促. —『菜根譚』
세월본장　　이망자자촉

세월은 본래 길지만 바쁜 자가 스스로 재촉하는 것
이다.　　　　　　　　　　　　　　　　—『채근담』

歲月세월은 '시간'이다. 本본은 '본래', 長장은 '길다'다. 而
이는 여기서 역접(~하지만)이다. 忙망은 '바쁘다'다. 自자
는 '스스로', 促촉은 '재촉하다'다.

　시간은 본디 길고 길다. 마음이 조급한 사람은 아침
6시부터 저녁 12시까지 돌아다녀도 늘 시간이 모자란
다고 투덜댄다. 그 시간이 어디 가겠냐마는 늘 스스로
가 안달하며 시간을 재촉한다. 그러니 그 많은 시간을
가졌음에도 노상 눈코 뜰 새가 없다고 말한다. 차분하
게 자문자답하며 자기 자신과 오롯이 대화할 시간을 가
져보기는커녕 소중한 사람과 밥 한 끼 먹으며 도란도란

이야기를 주고받을 시간마저도 평생토록 못 갖는다. 스스로가 재촉한 바쁜 시간 속에 휩쓸려 그렇게 가는 것이다.

余平生所作文章, 多在三上,
여　평생　　소작문장　　　다재삼상

乃馬上枕上廁上也. ─『歸田録』歐陽修
내　마상　침상　　측상야

───────────────────────────

내 평생 글을 지은 곳은 이 세 곳에 있으니, 곧 말 위, 잠자리, 뒷간이다. ─『귀전록』구양수

余여는 '나'다. 所소는 '~한 곳', 作작은 '짓다', 文章문장은 '글'이다. 多다는 '많다', 在재는 '있다'다. 乃내는 '이에'다. 馬上마상은 '말 위', 枕上침상은 '베개 위', 즉 '잠자리'고, 廁上측상은 '뒷간'이다.

　요즘 사람들에 비해 옛날 사람들은 온전히 자연과 함께하며 살았다. 해 뜨면 일어나 움직이고 해 지면 잠

자리에 들어 쉬었다. 밤늦게까지 책을 읽고 글을 쓰고 싶어도 그리 할 수 없는 경우가 많았다. 발달한 기계문명이 요즘 사람들에게 한가한 시간을 많이 확보해 주었지만, 옛날 사람들은 그렇지 못했다.

그래도 옛날 사람들은 바빠서 못 했다는 푸념을 늘어놓지는 않았다. 짬짬이 짬이 나는 대로 하고 싶은 일을 즐겼고, 틈틈이 틈이 나는 대로 해야 할 일을 꼬박꼬박 챙겨서 했다. 말 위에서든, 잠자리에서든, 심지어 뒷간에서든 할 일을 할 수 있었다. 바쁜 농사일 다 마치고 한갓진 겨울철에 짬짬이 책을 읽으며 마음을 살찌우고, 달빛 밝은 밤을 틈타 삶의 여유를 누리고, 비 오는 날이면 모처럼 오붓하게 내면의 자기와 대화를 나눌 수 있었다.

하루 스물네 시간 중에 잠자는 시간 빼고 적어도 내가 마음대로 할 수 있는 나만의 시간은 분명히 있을 터이다. 짧게는 몇 십 분, 길게는 몇 시간 정도는 내 마음대로 할 수 있는 내 시간이 있을 터이다.

결과를 탓하기 전에
가슴 깊이 자문하라.
'원 없이 땀을 흘렸는가?'

自强不息

스스로 자 굳셀 강   아니 불   숨쉴 식

사람은 늘 꿈꾼다. 오늘보다 내일이 더 낫기를 말이다. 더 나은 내일을 위해 사람은 제 나름으로 애를 쓴다. 바라는 일을 이루기 위해 하루하루를 오늘같이 땀 흘리며 살아간다. '쉬지 않고 스스로 힘쓴다'는 자강불식自强不息: 스스로 힘쓰고 쉬지 않음이란 글자를 읊조리면서 말이다. 더러 자강불식이 작심삼일로 끝나는 때도 있지만 말이다. 어쨌든 저마다 무언가를 이루기 위해, 얻기 위해, 누리기 위해 공을 들인다.

허나 아무리 노력하고 애면글면해도 뜻대로 안 되는 경우가 있다. 이럴 때 보통 사람은 헛심 썼다며 투덜대고 탓하기 바쁘다. 그러고는 그길로 단박에 때려치운다. 더 힘써 보려고 하지 않으며 더 이상 눈길조차 주지 않는다. 한 번 찔러 보고 안 들어가면 이내 그만둔다. 괜히 헛심 들일 필요 없다는 둥 나는 아무리 노력해 봤자 안 될 게 뻔하다는 둥 가지가지 핑계를 대며 스스로를 달랜다.

한 번 해서 안 되면 두 번 하고, 두 번 해서 안 되면 세 번 하겠다는 마음가짐으로 덤벼들어도 시원찮을 판에 말이다. 이런 삶이야말로 인생의 뒤안길로 초라하게 숨어드는 인생이 아닐까.

【 　한자를 읽어보자　 】

自 자는,

본래 '코'였으나 나중에 '스스로, 자신'이란 뜻으로 더 많이 사용되었다. 사람들이 자기를 지칭할 때 자기 코를 가리켰다는 설명이 있다. '코'라는 뜻을 위해서는 나중에 畀_{줄 비}를 덧붙여 鼻_{코 비}를 만들었다

強_강 ——————— 弘_홍 + 虫_충

弘_홍은 활시위를 당길 때 나는 크고 강한 소리다. 虫_충은 벌레다.

強_강은 '크고 강한 벌레'를 나타내기 위해 만든 글자였지만 나중에 '강하다, 굳세다, 노력하다'라는 뜻으로 더 많이 사용되었다.

息_식 ——————— 自_자 + 心_심

自_자는 '코', 心_심은 '심장'이다.

息_식은 숨 쉬는 데 필요한 기관을 코와 폐가 아닌 코와 심장으로 본 고대인들의 인식을 보여준다. 심장 박동이 빨라지면서 거친 숨을 코로 몰아쉬는 모습을 상상하면 좋다. 본래는 '숨쉬다'였고, '쉬다'라는 뜻도 갖게

되었다.

少壯不努力, 老大徒傷悲.
소장　　불노력　　　노대　　도상비

—『樂府詩集·長歌行』

젊고 건장할 때 노력하지 않으면, 나이 들어 늙어서
는 서럽고 슬퍼지리라.　　　—『악부시집·장가행』

少壯소장은 '젊고 씩씩함, 건장함'이다. 老大노대는 '나이
들어 늙음'이다. 徒도는 '공연히, ~일뿐,' 傷상은 '상하다,
상처', 悲비는 '슬픔'이다.

된 사람은 결코 시대를 원망하고 운명을 탓하지 않
는다. 오직 노력하고 또 노력할 뿐이다. 할 수 있는 노력
은 원 없이 다하고 나서 성공 여부는 온전히 하늘에 맡

긴다. 아쉬움도 없고 미련도 남지 않을 만큼 죽어라 씨름할 뿐이다. 일이 이루어지고 안 이루어지고는 중요치 않다. 서양 격언에 "하늘은 스스로 돕는 자를 돕는다"고 했다. 신은 남의 도움을 바라지 않고 스스로 열심히 노력하는 사람에게 천우신조를 베푼다.

소금처럼 썩지 않는
몸과 마음

鹽

소금 염

소금은 음식을 썩지 않게 할뿐더러 맛을 좌우한다. 소금 간을 아예 하지 않은 음식을 먹어 본 적이 있을 것이다. 한 마디로 먹을 수가 없다. 밍밍하기도 하거니와 목으로 더는 넘기고픈 마음이 안 든다. 소금은 음식 간을 맞추는 데 꼭 필요하지만, 사람을 포함한 모든 동물에게도 생리적으로 꼭 필요한 것이다.

鹽염은 '소금'이지만, 그 안에 이미 '소금'이라는 뜻을 가진 글자를 포함하고 있다. 바로 鹵소금 로다. 鹵로는 어찌하여 소금이란 뜻을 가지게 되었을까. 鹵로에 들어 있는 卤는 東西동서의 西서와 같은 글자다. 卤는 '대광주리'라는 설명과 '돗자리'라는 설명이 가능하다. '대광주리'일 경우에 鹵로는 정제하지 않은 소금을 대광주리에 담아 불순물을 제거하고 다시 불에 끓여 만들어내는 중국 전통의 소금 제조 방식을 표현한다고 볼 수 있다. 반면 '돗자리'일 경우에 鹵로는 또 다른 의미를 전달한다.

옛사람들이 밤에 잠을 잘 때 바닥에 돗자리(부들자리)를 깔았다. 오늘날 매트리스 같은 구실을 했다. 등이 배기지 않을 뿐 아니라 바닥에서 올라오는 습기를 막아준다. 鹵로에서 卤가 잠잘 때 바닥에 까는 돗자리라면 네 개의 점은 소금일 것이다. 소금은 일반적으로 자연에서 얻는다. 하지만 사람 몸에서도 소금이 난다는 것을 아는 사람은 알 것이다. 무더운 여름철 땀에 흠뻑 젖은 옷이 마른 뒤 하얀 가루가 피어나는 것을 본 적이 있을 것이다. 그게 바로 소금이다. 또 후덥지근한 여름날 땀으로 범벅인 돗자리에 하얀 가루가 생기는 것을 본 적이 있을 것이다. 이 또한 소금이다. 鹵로는 바로 깔고 잔 돗자리가 땀에 절어 마르면서 하얀 가루가 생기는 모습을 나타낸 글자다.

요즘 사람이야 소금쩍이 생길 만큼 땀을 흘려 볼 일이 좀체 없을 것이다. 그야말로 옷이 땀에 절고 얼굴에 하얀 소금쩍이 새하얀 구레나룻처럼 피어나는 경험을 해 본 적이 드물 것이다. 육체를 건강하게 하고 정신이 썩지 않도록 하자면 가끔은 소금쩍이 필 정도로 땀을 흘려 보자. 육체와 정신이 썩는 것을 막기 위해서라도 가끔은 스스로를 소금에 절여 보는 것도 괜찮을 성싶다. 요즘은 땀 흘릴 일도 그리 없지만 땀을 흘리려고도 하지 않는다. 그러니 시나브로 정신력은 소금 간 하지 않은 음식처럼 밋밋하고 육신은 서서히 맛이 간다. 썩어 가는 육체와 정신을 깨끗이 하자면 모름지기 땀을 흠뻑흠뻑 흘려주어야 할 것이다.

鹽염 ——————— 監감 + 鹵로

監감은 臣신+ 𠂉인+皿명이다. 臣신은 '신하'다. 임금 앞에서 눈을 내리깔고 납작 엎드린 사람의 눈을 본떠서 만들었다. 臣신은 뭔가를 보는 눈이다. 望바랄 망, 臨임할 림 등에 쓰인 臣신은 '보는 눈'이다. 皿명은 '그릇'이다. 𠂉인은 '사람'이다. 사람이 그릇에 물을 담아 거울처럼 보는 것이다. 監감은 鹽염에서 발음 기호 역할도 한다.

鹵로는 '소금'이다. 鹽염은 그릇에 담긴 소금을 살펴보는 것이다. 소금이 정제되는 과정을 살펴보고 감시하는 것이라는 설명이 있다.

良農不爲水旱不耕,
　　　양농불위수한불경

良賈不爲折閱不市,
　　　양고불위절열불시

士君子不爲貧窮怠乎道.
　　　사군자불위빈궁태호도

—『荀子·修身』

좋은 농부는 물이 말랐다고 해서 밭갈이를 그만두

지 않고, 좋은 장사꾼은 값이 깎였다고 해서 장사를

그만두지 않고, 사군자는 빈궁하다고 해서 도에 태

만하지 않는다.　　　　　　　—『순자·수신』

良양은 '좋다, 훌륭하다', 農농은 '농사'다. 良農양농은 '좋

은 농부, 훌륭한 농부'다. 不爲불위는 '~하지 않다'다. 水

수는 '물', 旱한은 '가물다'다. 水旱수한은 '물이 마르다, 날

이 가물다'다. 不耕불경은 '밭 갈지 않다'다. 賈고는 '장사'

다. 良賈양고는 '좋은 장사꾼, 훌륭한 장사꾼'이다. 折절은 '꺾다', 閱열은 '보다'다. 折閱절열은 '값이 깎이다'다. 不市불시는 '장사하지 않다'다. 士君子사군자는 '선비와 군자'다. '사회적으로 지위가 있고, 덕행과 학문이 높은 사람'을 이른다. 貧빈은 '가난하다', 窮궁은 '궁하다'다. 怠태는 '게으르다', 乎호는 '~에'로 푼다. 道도는 '도'다. 한마디로 정의하기 어려운 바로 그 '도'다.

물은 구덩이를 착실히
다 채운 뒤 고이지 않고 흐른다

盈科

찰 영   과정 과

물은 예나 지금이나 사람들에게 많은 가르침을 준다.
밤낮으로 쉬지 않고 흐르는 모습에서 자강불식自彊不息:
스스로 힘쓰고 쉬지 않음을 배운다. 물길을 트는 대로 흐르는
모습에서 시세를 좇는 법을 배운다. 도중에 깊디깊은
구덩이를 만나거나 천 길 만 길 낭떠러지를 마주하더라
도 조금의 망설임도 없이 곧장 흘러가는 모습에서 불굴
의 정신을 배우고 모험한 도전 정신을 배운다.

사람살이는 다 거기서 거기다. 정도의 차이는 있겠지만 너나없이 크고 작은 역경에 처하기도 하고, 곤경에 빠지기도 하고, 어려움을 겪기도 한다. 한 번의 역경에 온 삶을 지레 포기하는 이도 있을 터이고, 칠전팔기의 의지로 오뚝이처럼 쓰러질 때마다 일어서는 이도 있을 터이다. 곤경을 회피한다고 해서 닥쳐온 곤경이 알아서 풀리거나 없어질 리는 만무하다.

피할 수 없으면 즐기라고 했다. 닥쳐온 역경을 극복하고 나아가야만 예정된 다음 삶을 즐길 수 있다. 예정된 다음 삶이 어떤 것인지 가보지 않고서는 아무도 모른다. 그래서 더욱 기필코 가고야 말겠다는 의지가 솟구치는지도 모른다. 어쨌든 사람살이는 도중에 생략할 수도 없고 회피할 수도 없다.

어느 누구도 내일은 모른다. 그러므로 서둘러 자포자기할 필요는 없다

盈영 ——————— 及고 + 皿명

及고는 '물건을 많이 사서 많이 팔아 이문을 많이 얻다'
라는 긴 뜻을 가진다. 장사치는 이문을 많이 얻는 것이
최고의 미덕이다. 이 글자는 단독으로 쓰이는 일이 거
의 없다. 皿명은 제사에 사용하는 고급 그릇이다.

盈영은 '그릇에 가득 차다'다.

科과 ——————— 禾화 + 斗두

禾화는 '벼, 곡식'이고, 斗두는 곡식을 되는 '말'이다.

科과는 곡식을 말로 되서 '헤아리다, 분류하다'다. 이
건 일반적으로 그렇다는 얘기고, 여기서는 '구덩이, 웅
덩이'라는 뜻으로 차용되었다.

流水之爲物也, 不盈科不行.
유주시　위물야　　불영과 불행

―『孟子·盡心』

흐르는 물이라는 것은, 구덩이를 채우지 않으면 흐
르지 않는 것이다. 　　　　　　　―『맹자·진심』

流류는 '흐르다', 水수는 '물'이다. 流水유수는 '흐르는 물'
이다. 爲物위물은 '사물됨'이다. 한문에서는 그 사물의
본질을 언급할 때 이런 표현을 쓴다. 盈영은 '채우다', 科
과는 '구덩이'다. 盈科영과는 '구덩이를 채우다'다. 물은
흘러가다가 도중에 구덩이를 만나면 에돌아 흐르지 않
고 그 구덩이를 착실히 채운다는 뜻이다. 不行불행은 '가
지 않다, 흐르지 않다'다

일을 하다보면 어려움에 부닥치기도 한다. 이때 우
선 쉬운 일부터 처리하고 어려운 일은 나중에 처리하겠

다며 일단 제쳐 두는 이도 있을 터이다. 어차피 해야 할 일이라면 매도 먼저 맞는 놈이 낫다고 낑낑대며 한사코 당장에 해치우려 드는 이도 있을 터이다.

그러나 물이 구덩이를 만나면 에돌아 흐르지 않듯이 어려운 일을 만나더라도 회피하지 말 일이다. 회피한다고 닥친 일이 없어지지는 않는다. 발뺌한다고 내 일에 남이 발 벗고 나서서 대신해 주지는 않는다. 시간이 더 걸리더라도, 힘이 더 들더라도 도중에 닥친 어려움은 당장에 극복하며 나아가는 것이 결과적으로도 좋다.

겉치장일랑 접고 속을 채워야 참사람이다

雀

참새 작

雀작은 小隹소추, 小鳥소조다. 작은 새다. 크다 작다는 어디까지나 상대적이다. 늘 가까이에서 보는 새 가운데 상대적으로 작다고 여길 만한 새는 무엇일까. 십중팔구는 참새를 떠올릴 것이다. 참새는 자그마한 몸집에 보잘것없는 깃을 가졌다. 뭐 하나 딱히 내세울 만한 게 없다. 그럼에도 사람들로부터 '참~'이라는 이름을 얻었다. '돌~'도 아니고 '개~'도 아닌 '참'새라는 이름을 얻은 데는 그럴만한 까닭이 분명히 있을 터이다.

참새는 작은 몸집을 가졌음에도 저보다 몇 곱절은 더 큰 새들 틈에서도 결코 기죽거나 주눅 드는 법이 없다. 따뜻한 눈빛을 가진 사람이면 오다가다 한두 번씩은 보았을 것이다. 덩치 큰 비둘기나 까치들 사이를 두렵지도 무섭지도 않은지 활개치고 다니는 모습을 말이다. 가만히 보고 있노라면 참 암팡지게도 생겼다.

참새는 키도 작고 덩치도 작다. 하지만 풀 죽어 있거나 궁상떨지 않는다. 언제나 당당하고 꿋꿋하다. 그리고 무엇보다 자기 자신을 잘 안다. 그 때문에 해 지고 땅거미 깔리는 저물녘 이후에는 아예 움직이지 않는다. 그리고 제 분수를 알기에 주제넘은 짓은 하지 않는다. 황새걸음 따라 하다가 다리 찢어진 참새를 그래서 여태껏 보지도 듣지도 못한 것이다. 참새는 그야말로 참다운 '참'새다. 척하지 않고, 기죽거나 주눅 들지 않고, 주제넘은 욕심을 부리지 않는다.

키, 덩치는 고작해야 허울일 뿐이다. 허울은 아침 이슬 같은 거다. 때 되면 흔적 없이 스러지고 말 것들이다. 그림자 같은 허울에 목매달며 아까운 시간을 그냥 허비할 것인가! 키를 키우고 덩치를 늘리기보다는 마음을 키우고 뜻을 굳세게 하는 것이 낫지 않겠는가.

雀_작 ——————— 小_소 + 隹_추

小_소는 '작다'다. 隹_추는 꽁지가 짧은 새다. 隹_추와 鳥_조는 모두 새, 날짐승이다. 한때는 이 둘을 구분했었다. 隹_추는 '꽁지가 짧은 새', 鳥_조는 '꽁지가 긴 새'라는 것이다. 그러나 꽁지가 길든 짧든 다 새다. 그래서 이런 구분을 쓸데없는 짓이라고 여겼는지 언제부턴가 한가지로 사용하였다. 예컨대 雞-鷄닭 계, 隺-鳩비둘기 구, 䧹-鵲까치 작 등이 그렇다. 雀_작은 '작은 새'다. '참새'를 가리킨다.

227

衣敝縕袍, 與衣狐貉者立,
　　의폐온포　　　　여의호맥자립

而不恥者, 其由也與.
　　이불치자　　　　기유야여　　— 『論語·子罕』

헤진 솜옷을 입고서 여우나 담비가죽으로 만든 옷
을 입은 자와 함께 서 있으면서도 부끄러워하지 않
는 자는 바로 由(자로)일 것이다.　　—『논어·자한』

衣의는 '옷을 입다'다. 敝폐는 '해지다'다. 縕온은 '헌솜',
袍포는 '솜옷'이다. 縕袍온포는 '솜옷', 즉 '값싼 옷'이다.
　　與여는 '~와'다. 狐호는 '여우', 貉학은 '담비'다. 狐貉
호학은 '여우나 담비 가죽으로 만든 옷'이다. '귀한 옷'이
다. 立립은 '서다'다. 恥치는 '부끄러워하다'다. 不恥불치
는 '부끄러워하지 않다'다. 其기는 여기에서 '그런 사람
은 바로~' 정도로 강조하는 의미로 새기면 좋다. 由유는
공자의 제자인 子路자로다.

남이 은장도를 차니
나는 식칼을 낀다

東施效矉

동녘 동　베풀 시　본받을 효　찡그릴 빈

서시西施는 마을 서쪽에 사는 시施라는 이름의 미인이다. 동시東施는 미녀 서시西施가 사는 마을 동쪽에 사는 추녀였다.

서시는 평소 가슴앓이가 있어 곧잘 눈을 찡그렸다. 워낙 곱게 생긴 터라 그마저도 아름다워 보였던 모양이다. 속 모르는 사람이야 이맛살을 찌푸리는 모습을 고혹적인 자태로 오해할 만도 하다. 여기에서 서시효빈西施效矉이라는 말이 나왔다. 추녀 동시는 이를 보고 아름답다고 생각하여 자기도 가슴에 손을 대고 미간을 찡그리며 마을을 돌아다녔다. 여기에서 동시효빈東施效顰이란 말이 나왔다. 즉, 동시가 서시의 눈썹 찌푸림을 본받는다는 뜻이다.

동시의 그 흉한 모습을 본 마을 사람들 중에 부자들은 문을 걸어 잠그고 나오지 않았고, 가난한 사람들은 처자를 이끌고 먼 마을로 도망쳐 버렸다고 한다. 이 추녀는 무엇이 서시를 아름답게 했는지 몰랐던 것이다.

장자莊子는 여기까지 이야기하고 나서 이렇게 덧붙였다.

"성인이 한 일이라고 무작정 흉내 내는 것은 이 추녀와 같다고나 할까."

모방은 본능이다. 아이들은 모방을 하면서 말을 배우고 버릇을 들인다. 부모는 아이들의 첫 모방 대상이다. 그러하기에 옛 어른들은 아이 보는 데는 찬물도 못 먹는다고 했다. 애들이야 아직 철모르는 때이므로 남이 하니까 까닭도 모르고 덩달아 따라할 수는 있다. 그러나 철들 나이가 지났음에도 남이 장 간다고 하니 거름 지고 나선다면 이것 참으로 곤란하다. 철이 든 때는 본능에 입각한 모방 단계는 이미 지났다. 알아보지는 않고 무턱대고 따라하거나 파고들지는 않고 덮어놓고 흉내만 낸다면 끝끝내 뛰어넘지 못하고 앞서지도 못할 터이다. 창조를 위한 모방을 해야 할 때다. 모방을 하면서 창조를 꿈꾸고, 모방을 하면서 창조력을 길러야 한다. 천지를 창조하신 하느님 아니고서는 모방 없이 창조도 없다.

【　　한자를 읽어보자　　】

效효 ──── 交교 + 攵(攴)복

交교는 다리를 꼬고 있는 사람이다. '교차하다, 사귀다'다. 여기서는 발음 기호 역할을 한다.

攵복은 '칠 복'이다. 손에 막대기 또는 회초리를 들고 있는 모습이다. 어떤 일을 적극적으로 하는 것을 나타내는 한자에 많이 쓰인다.

效효는 '물건을 두드려 똑같이 만들다' 또는 '어린아

이를 때려 바른 것을 본받게 한다'는 뜻을 나타냈다. '따라하다, 흉내 내다'다.

顰빈 ——————— 頻빈 + 卑비

頻빈은 步보+頁혈이다. 步보는 涉섭에서 氵수를 뺀 것이다. '물을 건너기 위해 물가에 다다른 사람'을 표현했다. 頁혈은 '사람'이다. 卑비는 '낮다'다. 뭔가 좋지 않음을 나타내기 위해 사용했다. 顰빈은 걸어서 물을 건너는 일이 마뜩찮아서 눈살을 찌푸리는 것을 뜻한다.

【　옛 글을 읽어보자　】

正如矮子看戲一般,
정여　왜자간희　　　일반

見前面人笑, 他也笑. —『朱子語類』
견전면인소　　　타야소

마치 난쟁이가 놀음놀이를 구경하는 것과 같다. 앞 사람이 웃는 것을 보고 영문도 모른 채 그 역시 따라 웃는다. ―『주자어류』

正如정여는 '마치 ~같다'다. 矮왜는 '키 작다', 子자는 '사람', 矮子왜자는 '난쟁이'다. 看간은 '보다', 戲희는 '놀이'다. 一般일반은 '~와 같다'다. 見견은 '보다', 前面人전면인은 '앞에서 보는 사람', 笑소는 '웃다'다. 他타는 '다른 사람', 也야는 '또한'이다.

한때 벤치마킹이란 말이 뭇입에 오르내린 적이 있었다. 앞선 것을 보고 배워서 내게 맞게끔 창조적으로 응용하자는 뜻일 터이다. 그런데 벤치마킹을 그저 흉내 내는 것쯤으로 치부해 버리는 경향이 있고 실제로도 그렇게 받아들이는 이들이 적잖았다.

원숭이도 사람 행동을 흉내 낼 줄 알고, 앵무새도 사람 말을 흉내 낼 줄 안다. 그들이 아무리 사람 말을 따라하고 사람 행동을 흉내 낼지라도 원숭이고 앵무새다. 그것을 모방한다고 해서 그것처럼 될 턱이 없고, 그것보다 나아질 턱도 없다. "계집애가 오랍아 하니 사내도 오랍아 한다"는 속담이 있다. 속내도 모르고 남이 하는 대로 언제까지 따라할 것인가. 따라지목숨이 아니지 않는가. 내 삶의 주인공은 바로 나다.

가르침이
곧 배움이다

教學相長

가르칠 교   배울 학   서로 상   길 장

가르치는 일과 배우는 일은 둘이 아니고 하나다. 즉, 가르치는 것과 배우는 것은 빛과 그림자다. 누구를 가르치는 일은 그저 지식이나 기술 따위를 전해 주는 것이 아니다.

스승은 단순히 제자에게 지식이나 기능을 전달해 주는 사람이 아니다. 스승은 모름지기 바른 말로 가르치고 올곧은 몸으로 가르쳐야 한다. 아이 보는 데는 찬물도 못 먹는다는 옛말이 있듯이 스승은 제자 앞에서 늘

삼가고 조심해야 한다.

말 한 마디 행동 하나하나에 항상 온 마음을 쏟아야 한다. 따라서 교학상장敎學相長이라 함은, 가르침과 배움이 서로를 진보시켜 준다는 뜻이다

【　한자를 읽어보자　】

敎교 ── 爻효 + 子자 + 攵(攴)복

爻효는 발음 기호 역할을 한다. 子자는 가르침의 대상이다. 攵(攴)복은 손에 막대기를 들고 있는 모양이다.

敎교는 가르치는 사람의 손으로, 선생이 학생을 가르치는 모습을 나타냈다.

學학 ── 臼 + 爻 + 宀 + 子자

臼는 '양 손'이다. 여기서 爻는 '책'이다. 양손으로 책을 잡고 있는 모양이다. 宀은 '집'이다. 양으로 책을 잡고

배우는 공간이다. 子자는 배우는 주체, 즉 '학생'이다.

學학은 아이가 양손으로 책을 쥐고 집에서 배우는 모습을 나타냈다.

【　옛 글을 읽어보자　】

學然後知不足, 敎然後知困.
학연후　지부족　　교연후　지곤

—『禮記·學記』

배운 후라야 부족함을 알고, 가르친 뒤라야 곤궁함을 안다.　　　　　　—『예기·학기』

學학은 '배우다'다. 然後연후는 '그런 뒤에야'다. 敎교는 '가르치다'다. 困곤은 '곤궁함, 부족함'이다.

是故弟子不必不如師,
시고　　제자　　불필불여사

師不必賢於弟子. ──『師說』韓愈
사　　불필현어제자

이런 까닭에 제자가 반드시 스승만 못하다 할 수 없고, 스승이 반드시 제자보다 현명하다 할 수 없다.

──『사설』한유

是시는 '이'다. 故고는 '까닭'이다. 是故시고는 '이런 까닭에'다. 不必불필은 '반드시 ~해야 하는 것은 아니다'다. 不如불여는 '~만 못하다'다. 師사는 '스승'이다. 賢현은 '어질다, 현명하다'다. 於어는 여기에서는 '~보다'로 푼다.

　부모는 자식을 키우면서 부모 도리를 알아가고 부모다워진다. 선생은 학생을 가르치면서 자신이 미처 몰랐던 것이 무엇인지를 깨닫게 되고 선생다워진다. 자식은 부모의 말과 행동을 통해 사람답게 살아가는 데 필요한 것들을 배운다. 학생은 선생의 가르침을 통해 올바른 사회인으로 살아가는 데 필요한 것들을 배운다.

이처럼 가르치는 일과 배우는 일은 일방통행이 아닌 쌍방통행이다. 부모니까 어른이니까 선생이니까 한사코 가르치려 들면 안 된다. 열린 마음으로 모르는 것이 있으면 자식에게 배우고 학생에게 배우고 아이에게 배워야 한다.

가르치는 사람 따로 없고 배우는 사람 따로 없다. 오늘은 가르쳤지만 내일은 배워야 할 때가 있다. 가르치면서 모르는 게 나오면 배워야 한다. 서로가 서로를 자극하고 서로에게 자극을 받아야 한다. 부모는 자식을 통해 배우고, 선생은 학생을 통해 배운다.

언제까지
주변 탓만 할 것인가

橘化爲枳

귤나무 귤   될 화   할 위   탱자나무 지

옛날 제齊나라에 안영晏嬰이란 유명한 재상이 있었다.
초楚나라 임금은 온 천하 사람이 칭찬하는 안영을 놀려
주고 싶어 그를 초대했다. 초나라의 임금은 간단한 인
사말을 나누고는 바로 한 죄인을 불러 놓고 말했다.

"제나라 사람은 원래 도둑질을 잘 하는 모양이군요."

그러자 안영은 태연하게 이렇게 대답했다.

"강남의 귤을 강북으로 옮기면 탱자가 되고 맙니다.
토질 때문이지요. 저 제나라 사람이 제나라에 있을 때

는 도둑질이 무엇인지 조차 모르고 있었는데, 초나라로 와서, 도둑질을 한 것을 보면 초나라의 풍토가 좋지 않은가 하옵니다."

橘귤은 학명이 Citrus reticulata다. 영어 이름은 tangerine이다. 바로 탄제린이다. 우리가 익히 알고 있는 귤나무의 일종이다. 제주도에서 나는 그 새큼달큼한 귤나무다. 귤나무 열매도 귤이라고 부른다. 枳지는 탱자나무다. 언뜻 보면 귤나무와 비슷하게 생겼지만, 키가 작고 줄기에 가시가 있어 볼품이 없다. 열매도 귤에 비해서 형편없이 쪼끄맣고 맛도 시고 써서 날로 먹을 수가 없다.

그러나 향기는 좋다. 귤화위지橘化爲枳라는 고사처럼 귤나무가 진짜로 중국 회하淮河 이북으로 넘어가면 탱자나무로 변하는지는 잘 모르겠다. 이 말은 아마도 사람은 생활환경에 따라 좋게도 변하고 나쁘게도 변할 수 있음을 일깨우고자 지어낸 말 같다.

橘귤 ———— 木목 + 矞율

木목은 '나무'다. 木목이 쓰인 한자는 주로 '나무'와 관련이 있다. 矞율은 '송곳질할 율'이다. 창(矛모)같이 뾰족한 송곳으로 구멍을 뚫는 모습이다.

橘귤은 '율'과 비슷한 '귤'이란 이름을 가진 '나무'다. '귤나무'다.

化화 ———— 亻인 + 匕비

亻인은 '바르게 서 있는 사람'이고, 匕비는 '엎어져 있는 사람'이다. 化화는 이 둘을 나란히 붙여 놓고, 사람이 태어나서 늙어 죽음에 이르기까지의 변화 과정을 표시하였다. '변화하다, 변하다, 달라지다, 바뀌다'다.

爲위 ——— 爫(爪)조 + 爲(象)상

爫(爪)조는 '손'이고, 爲(象)상은 '코끼리'다.

爲위는 사람이 손으로 코끼리 코를 잡고 부려먹는 모습을 나타낸 한자다. '부리다'가 본뜻이었지만 '~하다, ~되다'라는 뜻으로 많이 쓰인다.

枳지 ——————— 木목 + 只지

只지는 '다만 지'다.

枳는 '지'라는 이름을 가진 '탱자나무'다.

【 옛 글을 읽어보자 】

葵藿傾太陽, 物性固莫奪.
규곽　경태양　　물성　고막탈

—『自京赴奉先縣詠懷五百字』杜甫

해바라기는 해를 향해 기우네. 사물의 본성은 진실로 빼앗을 수 없는 것.　—『자경부봉선현영회오백자』두보

葵규는 '해바라기', 藿곽은 '콩잎'이다. 葵藿규곽은 '해바라기'다. 傾경은 '기울다'다. 傾太陽경태양은 '태양 쪽으로 기울다'다. 物물은 '사물', 性성은 '성품'이다. 物性물성은 '사물이 본래 가지고 있는 성품'이다. 固고는 '진실로'다. 莫막은 '~할 수 없다'다. 奪탈은 '빼앗다'다.

"사람 새끼는 서울로 보내고 마소 새끼는 시골로 보내라"라는 속담이 있다. 맹자 어머니도 자식에게 좋은 교육환경을 마련해 주고자 이사를 세 번씩이나 했다. 분명 생활환경은 사람에게 알게 모르게 영향을 준다. 이 점은 그 누구도 부정할 수 없다. 그러나 결코 절대적이지는 않다. 사람은 귤나무처럼 자연환경에 그저 순종할 수밖에 없는 존재가 아니다. 굳은 의지에 의해 얼마든지 주어진 환경을 지혜롭게 이용할 수 있다. 나쁜 환경은 반면교사로 이용하고, 좋은 환경은 귀감으로 이용하면 될 뿐이다.

덕이란 아무도 모르게 쌓는 것이다

養德

기를 양   덕 덕

정직한 마음으로 사람길을 걸어가는 사람은 결코 자기 자신을 속이지 않을뿐더러 거짓된 삶을 살지도 않는다. 그래서 덕은 고결한 인격 그 자체다.

고결한 인격으로 남에게 알게 모르게 영향을 미치고 감화를 주는 일을 우리는 흔히 덕을 베푼다고 한다. 재물로 남을 돕는 일도 훌륭하지만, 덕으로 남을 돕는 일은 더욱 거룩하다. 한라산, 지리산, 설악산 같은 명산에 올라 일출 장관을 보자면 삼대가 덕을 쌓아야 가능하다

지 않은가. 음덕을 쌓은 집안은 자손들이 결코 곤욕을
당하는 일이 없을 터이고, 결코 사람들로부터 잊혀지지
않을 것이다.

【　한자를 읽어보자　】

養양 ─────── 羊양 + 食식

羊양은 말 그대로 '양'이다. 일찍이 인류가 가축화하였다.

食식은 '밥, 먹이다'다. 밥그릇에 담긴 밥을 숟가락으
로 떠먹는 모습이다. 밥그릇과 밥그릇 쪽을 향하여 벌
리고 있는 입만 보이고, 밥그릇에 담긴 밥을 떠서 입까
지 옮겨다 주는 손과 숟가락은 보이지 않는다.

養양은 양에게 먹이를 주어 자라게 하는 것이다. '기
르다'다.

德덕 ——— 彳척 + 悳(悳)덕

彳척은 걸어가야 할 '길'이다. 悳은 悳덕이고, 悳덕은 直직+心심, 곧 '곧은 마음, 바른 마음, 정직한 마음'이다. 마음이 곧고 바른 사람은 행동거지도 반듯하다. 사람이면 사람길을 바른 마음, 곧은 마음을 가지고 걸어가야 함을 나타낸 글자다.

【 옛 글을 읽어보자 】

積金以遺子孫, 未必子孫能盡守;
적금　　이유자손　　미필　　자손능진수

積書以遺子孫, 未必子孫能盡讀.
적서　　이유자손　　미필　　자손능진독

不如積陰德於冥冥之中,
불여　적음덕　　어명명지중

以爲子孫之計也. —『明心寶鑑 繼善篇』
이위　자손지계야

247

돈을 모아 자손에게 물려주어도 자손이 반드시 다 지킬
수 있는 것은 아니다. 책을 모아 자손에게 물려주어도 자
손이 반드시 다 읽을 수 있는 것은 아니다. 아무도 모르
게 음덕을 쌓는 것을 자손들을 위한 계책으로 삼는 것만
못하다. ─『명심보감 계선편』

積적은 '쌓다, 모으다', 金금은 '재물, 돈'이다. 以이는 앞
의 것을 받아 '그것을'로 풀이한다. 遺유는 '물려주다'다.
未必미필은 '반드시 ~한 것은 아니다'다. 能능은 '~할 수
있다', 盡진은 '다하다', 守수는 '지키다'다. 盡守진수는 '다
지키다'다.

書서는 '책'이다. 讀독은 '읽다'다. 不如불여는 '~함만
못하다'다. '~함이 가장 좋다'는 뜻이다. 陰음은 '그늘',
陰德음덕은 '그늘에서 베푸는 덕'이다. 즉, '아무도 모르
게 베푸는 덕'이다. 於어는 '~에서', 冥명은 '어둡다'다.
冥冥之中명명지중은 '어두운 가운데, 듣거나 볼 수 없이
은연隱然 중에 느껴지는 가운데, 아무도 모르게'다. 以爲
이위는 '~로 삼다'다. 計계는 '셈, 계교, 계획'이다.

천불생무록지인天不生無祿之人이라고 했다. 사람이면 너나없이 제 먹을 것은 타고난다는 말이다. 일찌감치 어설픈 부모 욕심 버리고 헛짓 하지 말아야 할 터이다. 아들, 딸 먹고 살 돈 장만하랴 집 장만하랴 허겁지겁 한 번뿐인 인생 그렇게 흘려보내지 않는 게 좋다. 돈 물려주고 집 챙겨줘 봤자 제 팔자 아니고 제 분수에 넘치면 제대로 건사도 못할뿐더러 그거 떠안고 가느라 허덕이다 인생 종 치기 십상이다.

그렇다고 지식을 물려주랴! 지식이 담긴 책을 물려주랴! 헛되고 헛된 일이다.

진정 아들딸을 위한다면 덕을 닦고 덕을 쌓는 게 좋다. 그것도 음덕을 쌓는 게 가장 좋다. 덕을 베푸는 건 물질적으로 남을 돕는 게 아니다. 남의 눈에서 눈물 안 나게 하는 거다. 그리고 남에게서 손가락질 안 받고 살아가는 거다. 그래야 자식들이 떳떳하고 당당하게 제 인생 제대로 살아갈 게 아닌가.

지금 내리막길에서 있는가?
깊은 한숨일랑 접고
또 다른 도약을 꿈꿔라

物極則反

만물 물 다할 극 곧 즉 되돌릴 반

여름이 기승을 부릴수록 선선한 가을이 머지않았음을
우리는 알고 있다. 겨울이 깊어갈수록 훈훈한 봄이 점
점 가까워 옴을 우리는 또한 알고 있다. 그러하기에 숨
막힐 듯이 무더운 여름을 배겨 내고, 살을 에는 듯이 추
운 겨울을 견뎌 내는 것이다. 후덥지근한 날씨도 낮 길
이가 가장 길다는 하짓날을 맞아 고비에 다다른다. 이
고비가 지나면 이글거리던 여름 해도 한풀 꺾이고 푹푹
찌던 날씨도 조금은 상냥해진다.

뼛속까지 파고드는 차디찬 겨울 날씨도 밤 길이가 가장 길다는 동짓날을 맞아 막바지에 이른다. 이 막바지를 넘어서면 혹독한 겨울 기운도 한결 누그러지고 살을 에는 듯한 추위도 조금은 훈훈해진다. 이게 바로 자연이고 순리다. 마냥 여름일 수 없고, 하냥 겨울일 수 없다. 사물이 변화를 거듭하여 막바지에 이르면 반드시 반대 방향으로 흘러가기 마련이다. 해가 오르고 올라서 하늘 한가운데에 이르면 기울고, 달이 차고 차서 동그래지면 이지러진다. 물이 그릇에 가득 차면 넘치기 마련이고, 높이 오르다 보면 언젠가는 넘어지기 마련이다. 만물의 변화가 극極에 다다르면 다시 제자리로 돌아가는 게 순리다(물극즉반物極則反).

산 꼭대기에 올라갔으면 해지기 전에 내려와야 하는 것과 같은 이치다. 아무리 정상에서의 공기가 달고 상쾌하더라도 산 꼭대기에서 영원히 살 수는 없다.

자연을 닮은 사람은 눈에 보이는 것에 집착하지 않고, 곤경과 역경에 쉬이 좌절하거나 절망하지 않고, 한창일 때 교만하거나 젠체하지 않는다. 벼 이삭은 익을

수록 고개를 숙인다. 오르막길을 다 올랐으면 이젠 내려와야 함을 알기에 꼭대기에 올라섰을지라도 한없이 겸손해지고 자신을 끝없이 낮춘다. 그래야 꼭대기에 조금이라도 더 오래 있을 수 있음을 알기에 말이다.

쥐구멍에도 볕들 날이 있다. 내리막길이라고 처음부터 끝까지 굴러먹으란 법은 없다. 자연이 다 그러하듯이 내리막길도 분명 그 끝이 있을 것이다. 내리막길이 끝나면 길든 짧든 그 다음은 평지가 기다리고 있고, 평지 다음에는 오르막길이 펼쳐진다. 도중에 포기하거나 주저앉지만 않는다면 평지도 밟아 보고 오르막길도 올라가 볼 수 있다.

【　한자를 읽어보자　】

物_물 ——— 牛_우 + 勿_물

牛_우는 '소'다. 소의 머리와 뿔을 표현한 것이다. 勿_물은 '피 묻은 칼'이라는 설명과 '쟁기질할 때 갈라지는 흙덩이'라는 설명이 있다.

物물은 勿물을 설명하는 방법에 따라 '제사지낼 때 소를 제물로 잡는 모양' 또는 '소가 쟁기질하는 모양'이라고 설명할 수 있다. 둘 다 소와 관련이 있고, 현재의 뜻은 거기서 많이 변형되었다.

소는 농경사회에서 가장 중요한 생산 수단 가운데 하나였다. 제물로도 중요했고, 농사일에도 중요했다. 物물은 중요한 '사물, 물건, 만물'이다.

極극 ——————— 木목 + 亟극

亟극은 '머리가 꼭대기에 닿는 방에서 허둥대는 사람 모습'이다. '꼭대기, 극한 상황'을 나타낸 글자다. 이 글자가 '빠르다'라는 뜻으로 더 많이 사용되자 본래 뜻을 위해 木목을 덧붙여 極극을 만들었다.

極극은 '집 꼭대기에 있는 나무, 대들보'를 가리키는데, 亟극과 관련한 '다하다, 지극하다'라는 뜻으로 더 많이 사용된다.

則 즉 ——— 貝 (鼎)정 + 刂 도

貝는 鼎정이 바뀐 것이다. 鼎정은 '세 발 달린 솥', 중국 청동기의 대표적인 기물이며, 권력의 상징이다. 刂도는 칼이다. 자르거나 새기는 데 쓰기도 하지만 이것도 청동기의 대표적인 기물이다.

則즉은 청동기인 솥(鼎)과 칼(刂)을 만들 때 합금의 비율을 엄격히 지켜야 함을 나타냈다. '규칙, 법칙'으로 새길 때는 '칙'으로 읽고, '곧, ~하면'으로 새길 때는 '즉'으로 읽는다.

反 반 ——— 厂 한 + 又 우

厂한은 '언덕, 기슭'이고, 又우는 '손'이다.

反반은 본래 '오르다'라는 뜻이었지만 나중에 '반성하다, 돌이키다, 돌아보다'라는 뜻으로 사용되었다.

臣聞峻高者隤, 葉茂者摧.
신문　　준고자퇴　　　업무자최

日中則移, 月滿則虧.
일중즉이　　　월만즉휴

—『吳越春秋·勾踐歸國外傳』

신은 이런 이야기를 들었습니다. '높은 것은 무너지
고, 잎이 무성한 것은 꺾인다. 해가 중천에 오르면
곧 옮겨지고, 달이 둥글게 차면 곧 이지러진다.'

—『오월춘추·구천귀국외전』

臣신은 '신하'다. 신하가 임금 앞에서 자기를 가리킬 때
쓴다. 聞문은 '듣다'다. 峻준은 '높다, 가파르다', 高고는
'높다'다. 者자는 '~한 것'이다. 隤퇴는 '무너지다'다. 葉엽
은 '나뭇잎', 茂무는 '우거지다, 무성하다'다. 摧최는 '꺾
이다'다. 日일은 '해', 中중은 '가운데'다. 則즉은 '~면, 곧'
이다. 移이는 '옮기다'다. 月월은 '달', 滿만은 '가득차다'

다. 虧휴는 '이지러지다'다.

누가 뭐라 건
제 하기 나름이다

蓬生麻中

숙 봉   날 생   삼 마   가운데 중

쑥대는 삼대보다 키도 작고 구붓하게 자란다. 쑥은 삐뚤빼뚤하게 제멋대로 자라는 탓에 쑥들만 우거져 자라는 쑥밭은 말 그대로 쑥대밭이다. 이에 비해 삼밭은 어떠한가! 길쭉길쭉한 삼 줄기가 곧게 쭉쭉 뻗어 자라 보기에도 시원시원하다. 그래서 쑥대머리는 볼품없지만, 삼단 같은 머리는 보는 이의 눈을 사로잡는다.

귤나무가 탱자나무 틈에 끼어 자라다 보면 시나브로 귤이 탱자를 닮아 간다고 한다. 쑥이 삼 틈에 섞여 같이

257

자라다 보면 알게 모르게 삼을 닮아 곧아진다고 한다(봉생마중蓬生麻中).

그만큼 환경이 중요하다는 말이겠다. 개천에서 용 나기는 어렵지만, 왕대밭에서 왕대 나기는 쉬운 법이다. 소맷자락이 길어야 못 추는 춤도 멋있게 보이고, 밑천이 많아야 못난이 장사꾼도 제법 하는 것처럼 보인다. 이러한 옛말들은 일견 맞는 것 같기도 하다.

그래서일까? 우리네 몇몇은 제 자신을 스스로 쑥인 양 자리매김해 버리고는 있지도 않은 삼밭을 찾아 이제 나저제나 헤매고들 있다. 자기 비하가 심한 것 같다. 자신감이 부족하고 자존감이 약해서인지는 잘 모르겠으나, 내 삼밭도 아닌 남이 만들어 놓은 삼밭으로 꾸역꾸역 들어가고자 젖 먹던 힘까지 다 쓰는 모양이다.

蓬봉 ——————— 艹초 + 逢봉

艹초는 '풀'이고, 逢봉은 '길에서 만나다'다.

蓬봉은 '길에서 만나는 흔한 풀'이다. 쑥은 가을이면 시들어 뿌리째 뽑혀 바람에 흩날리며 사람 발길에 차였던 모양이다.

麻마 ——————— 广엄 + 林림

广엄은 '처마'이고 林는 '벗겨낸 삼 껍질'이다. 은삼대에서 벗긴 껍질을 처마 밑에 널어 말리는 모양이다. '삼'이다. 삼은 삼실을 얻기 위해 옛날부터 재배해 온 식물이다. 껍질을 벗겨 낸 대를 말려서 땔감으로 쓰기 위해 담벼락에 나란히 기대 놓은 모습을 상상해도 좋다.

處堉則勞,
　　처척즉로

勞則不學清而清至矣.
　　로즉불학정　　이청지의

居沃則逸,
　　거옥즉일

逸則不學奢而奢來矣.
　　일즉불학사　　이사래의

—『抱朴子·守堉』

척박한 곳에 처하면 일하게 된다. 일하면 맑아짐을
배우지 않아도 맑음이 이른다. 비옥한 곳에 거하면
편안하다. 편안하면 사치를 배우지 않아도 사치가
온다.　　　　　　　　　　　—『포박자·수척』

處처는 '~에 처하다', 堉척은 '박토, 척박한 곳', 勞로는
'일하다'다. 清청은 '맑음', 至지는 '이르다'다. 居거는 '~

에 거하다', 沃옥은 '비옥한 곳', 逸일은 '편안하다, 안일하다'다. 奢사는 '사치함', 來래는 '오다'다.

　누가 뭐래도 환경은 중요하다. 하지만 인정승천人定勝天이랬다. 사람은 식물과 달리 제 의지로 주어진 환경을 얼마든지 바꿀 수 있다. 그러므로 이런 옛 말에 너무 기죽을 필요는 없다. 제 하기 나름이다. 왕대밭에서만 왕대 나라는 법은 없다. 삼밭에 있는 쑥대도 변하고자 하는 굳은 의지가 없으면 그냥 쑥으로 자란다.

　삼천三遷한 맹모孟母도 대단하지만, 자식교육을 위해 온 정성을 쏟으며 단직斷織한 맹모는 더 훌륭하다. 그 정신을 본받는데, 애를 쓰자!

아비는 아비답고
자식은 자식다워야 한다

父父子子

아비 부 아비 부 아들 자 아들 자

아무 자녀의 부모 되기는 쉽고 아무 부모의 자식 되기는 쉽다. 그렇지만 부모 된 도리를 다하고, 자식 된 도리를 다하기란 결코, 쉽지 않다. 나이 먹어 짝을 만나 가정을 꾸리고 살다 보면 아들딸이 생길 터이고, 그럼 자연히 부모가 된다. 그 부모 밑에서 태어난 아들딸들은 자신의 의지와 상관없이 그 부모의 자식이 된다. 부모 입장에서도 자식은 자신의 바람과 무관하게 찾아온 손님 같은 존재다. 그러므로 피차일반이다.

누구를 탓하고 누구를 원망할 건더기가 없다. 선택할 수 있는 기회조차 누려 보지 못한 채 보이지 않는 운명에 의해 결정지어진 관계다. 이미 정해진 이상, 이 관계를 부정하거나 바꿀 수 없다면 최선을 다할 수밖에 없다.

부모로서 자식으로서 도리를 다하고 책임을 다해야한다. 낳은 정 못지않게 진한 게 기른 정이다. 낳아서 배불리 먹여 길렀다고 부모 노릇 다했다고 생각하면 오산이다. 하다못해 집에서 기르는 개나 돼지도 때마다 먹여 주고 재워 주며 키운다. 그러므로 끼니 챙겨주고 잠자리 봐주는 걸로 자식에게 해줄 도리 다 했다고 생각하면 틀려도 한참은 틀렸다. 진자리 마른자리 갈아 누이며 키우는 일은 짐승들도 그리한다.

부모의 가장 중요한 책임은 바로 자식들이 반듯한 사람으로 커갈 수 있도록 끊임없이 가르치고 타이르는 것이다. 귀찮다고 한시도 게을리하거나 그만두어서는 안 된다. 농부들이 힘들고 귀찮다고 제 때에 뽑아 없애야 할 김을 내버려 둔다면 그 결과는 불문가지다.

자식 교육도 마찬가지다. 밥때마다 끼니 챙겨주는

것도 중요하지만 적어도 남한테 손가락질받고 살아가지 않도록 일마다 때마다 일깨우고 타일러야 한다. 그러자면 공부도 좋지만 무엇보다 먼저 사람이 되게끔 부모가 솔선수범하여야 한다. 몸으로 가르치고 말로 가르쳐야 한다. 학교에 오롯이 내맡기지 말고 몸소 본을 보여 가며 따라 배우게 해야 한다. 부모도 사람인 이상 인격적으로나 도덕적으로나 완전하지 못하다. 그 점을 먼저 자식들에게 충분히 인지시킨 후 함께 참여하는 방식으로 사람 되는 공부를 같이해야 한다.

부모가 부모답고 부모의 도리와 책임을 다한다면 자식은 저절로 자식 된 도리를 다할 것이다. 굳이 말하지 않더라도 자식 노릇을 다할 터이고 부모 섬기기를 극진히 할 것이다. 보고 배운 게 그것이기 때문이다. 그렇기 때문에 못된 자식이라 나무라고 타박하기 전에 자기 자신을 먼저 돌아볼 것이다. 나는 지금 부모 노릇을 제대로 잘하고 있는가!

父부 ——————— 도끼를 든 손

예나지금이나 경제 담당은 주로 아버지 몫이었던 모양이다. 父부는 도끼를 들고 사냥을 나가는 '아버지'를 가리킨다.

子자 ——————— 아기

머리와 팔이 밖으로 나와 있고, 몸통과 다리가 강보에 쌓인 아기 모습이 생생하다. '자식, 아들'이다.

臣弑其君, 子弑其父,
　　신시기군　　　자시기부

非一朝一夕之故,
　　비일조일석지고

其所由來者漸矣.　　—『周易·坤』
　　기소유래자　　점의

신하가 그 임금을 죽이고, 자식이 그 아비를 죽이는

것은 하루아침, 하룻저녁의 연고가 아니다. 그것이

그렇게 된 까닭이 점차 그렇게 한 것이다.

　　　　　　　　　　　　　　—『주역·곤』

臣신은 '신하'다. 弑시는 '아랫사람이 윗사람을 죽이는

것'이다. 其기는 '그', 君군은 '임금'이다. 子자는 '아들'이

다. 父부는 '아비'다. 非비는 '아니다', 一朝일조는 '하루아

침', 一夕일석은 '하룻저녁'이다. 故고는 '연고, 까닭'이다.

所소는 '~한 것', 由유는 '말미암다', 來래는 '오다', 者지는

266

'~한 것', 漸점은 '점차, 점점', 矣의는 '종결'의 의미를 주는 말이다. 所由來者소유래자는 '말미암아 온 것'이다. 어떤 일이 일어난 원인 제공자를 가리킨다. 漸矣점의는 '하루아침', 하룻저녁과 상대로 쓴 말이다. 예전부터 있어, 왔던 것이 원인이 되어 점차 그렇게 되었다는 것이다.

인생의 지혜가 담긴

아침 한자

초판 1쇄 펴낸날 2023년 3월 25일

지은이 안재윤 · 김고은 지음
펴낸이 이종근
펴낸곳 도서출판 하늘아래

주소 경기도 고양시 일산동구 하늘마을로 57- 9 3층 302호
전화 (031) 976-3531
팩스 (031) 976-3530
이메일 haneulbook@naver.com
등록번호 제300-2006-23호

ISBN   979-11-5997-080-1 (03190)